결핍의 위로

일러두기

- 단행본은《》, 잡지, 영화 제목, TV 프로그램명은〈〉,
  노래 제목, 게임명은 작은따옴표('')로 표기했습니다.
- 인용한 성경은 대한성서공회의 개역개정, 새번역,
  현대인의성경을 따랐으며 별도로 표기했습니다.

컬핍의 위로

지은이 장일
펴낸이 임상진
펴낸곳 (주)넥서스

1판 1쇄 인쇄 2021년 10월 25일
1판 1쇄 발행 2021년 11월 1일

출판신고 1992년 4월 3일 제311-2002-2호
10880 경기도 파주시 지목로 5 (신촌동)
Tel (02)330-5500 Fax (02)330-5555

ISBN 979-11-6683-164-5   03230

Komca 승인필
www.nexusbook.com

흐린 날 우리에게 필요한 것들

결핍의 위로

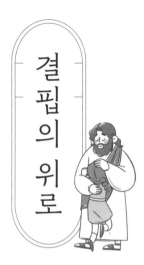

장일 지음

넥서스CROSS

그러므로 나는 그리스도를 위하여 병약함과 모욕과
궁핍과 박해와 곤란을 겪는 것을 기뻐합니다.
내가 약할 그 때에, 오히려 내가 강하기 때문입니다.

고린도후서 12:10, 새번역

○ ● ○

'종말론적인 삶'이라는 말을 실감(實感)하며 쓰지는 못한다. 가보지
않은 끝을 가져와 사는 일은 잘 할 수도 없고, 하고 싶지도 않아서다.
그런데 여기 몸의 갖은 촉수를 다 동원하여 시간과 공간을 쿡쿡 눌
러 밀도 있게 사는 사람이 있다. 가늘게 서 있지만 그 눈빛은 형형하
고, 음성은 단호하고, 걸음은 고운 인생이 있다. 이 책을 통해 이 가
녀린 몸이 존엄하기 그지없는 생명을 힘차게 지지하는, 고단한 "인
간이라는 직업"에 열중하는 저자의 일상을 들여다보라. 생이 달리
보이기 시작할 것이다.

박대영
〈묵상과 설교〉 책임편집, 광주소명교회 책임목사

추천사를 부탁 받고 책 제목을 확인했습니다.《결핍의 위로》라는 제목을 확인하는 순간, 몇 해 전에 읽은 도널드 맥컬로우의《모자람의 위안》이 떠올랐습니다. 솔직히 비슷한 결의 책이 아닐까 하는 심정으로 책을 열었습니다. 많이 달랐습니다. 맥컬로우는 그의 책을 통해 삶의 한계를 긍정하고 그 안에서 감사하는 법을 설파하지요. 아마도 그가 구사하는 핵심 메시지는 이 문장 속에 담겨 있을 겁니다. "우리가 경험하는 한계들은 당신과 나를 창조하는 데 고귀하게 쓰일 수 있다." 장일 목사님은 '결핍의 위로'를 통해 한 발짝 더 나갑니다. 그 누구의 도움도 기대할 수 없는 환경, 노력해도 안 되는 삶의 구조, 모난 인격, 절망으로 내모는 아픈 몸, 가도 가도 끝이 없는 막막한 생의 여정. 이런 비루하고 초라한 삶조차 하나님을 아버지로 부르고 섬기는 일에 결코 방해가 되지 않는다고 그는 노래합니다. 그리스노 예수 안에 있는 우리는 우리 자신의 성취와 무관하게 이미 가치있는 존재이며 언제나 그런 존재로 남을 것이라는 메시지를 전달하고 있는 것이지요. 평범한 사람들이 누리고 맛보는 생의 행복이 유독 자신만을 외면한다고 느끼는 분들, 무엇보다 기독교 신앙으로 자신의 삶이 이해되거나 해석되지 않는 묘한 현실을 만나고 있는 분들이 용기 내어 이 책을 읽었으면 좋겠습니다. 우리의 영혼에 남아 있는 답답함, 막막함, 결핍, 불만, 우글거리는 욕망조차 넉넉하게 품으셔서 우리의 삶과 인생이 영광의 찬송이 되게 하시는 하나님의 손길을, 이 책을 통해 만나게 되리라 확신합니다. 이 책은 끊임없이 결핍에 시달린 인생임에도 아름답고, 정의롭고, 따뜻하고, 하나님의 형상대로 지음받은 이들을 사랑하는 이의 증언이라 더 큰 설득력을 지닙니다.

김관성
《본질이 이긴다》 저자, 행신침례교회 담임목사

○ ● ○

장일의 글은 참 좋다. 읽는 내내 '날 것의 나'를 마주하도록 가만가만 내 안으로 침잠시켰다. 그의 글을 읽고 있지만 그 속에서 자연스레 내 마음이 작동하는 방식도 비춰보였다. 《결핍의 위로》는 스스로를 지나치게 너그럽게 혹은 야박하게 몰아치지 않도록 있는 그대로의 '나'를 알아차리도록 이끌었다. 마침내, 나는 기억 속에 묻어두었던 '과거의 나'들까지 안아줄 수 있었고, 타인의 상황도 좀 더 너른 시각으로 바라볼 수 있게 되었다. 내 안에 있는 사랑이 성장했으리라. 장일의 글이 가진 힘이다. 결핍 속에서 인간다움의 가치를 완성해낸 그의 삶이 만든 전환이다.

《결핍의 위로》는 지금 고통과 원망이 있는 그 자리가 끝이 아니라 거기서부터 '수정된 지도'를 쥐고 나가는 분기점임을 묵직하게 증언한다. 그의 글을 반쯤 읽었을 때였다. 실패 마일리지가 늘어날까 주춤거렸던 새로운 도전이 있었는데, 나도 모르는 사이 실패해도 좋다는 마음이 차올랐다. 즐겁게 나아갈 기회를 얻었다. 이 책을 종교를 넘어, 세대를 넘어 가능한 모두에게 전하고 싶다. 더불어 유머가 있고, 동시대 청년들의 싱싱한 언어가 펄떡이는 그의 필력이 부럽다.

안희경
《오늘로부터의 세계》 저자, 재미 저널리스트

○ ● ○

생의 첫 책을 쓰면서 치루와 항문, 설사 이야기로 첫 장을 열고 싶은 작가가 어디 있을까요. 더욱이 저자는 젊은 나이에 담임목회를 시작한 목사입니다. 냉정하게 말하자면 젊다는 것조차도 일견 '결핍'일 수 있는 목회현장에서, "나(도) 아파요"라고 말하기란 쉽지 않다는 건 비밀 아닌 비밀이죠.

고통 극복기와 신앙 간증을 남기거나 약함을 '영적인 무기'로 포장하는 것은 차라리 쉬운 일일 겁니다. 하지만 저자는 오래전부터 갖고 싶었던 플레이스테이션을 중고로 장만한 후 좋아하고, 딸이 부르면 모든 일을 멈추고 아이와 눈을 맞추고, 문득 나도 주식을 해야 하나 고민되면 재테크 책부터 주섬주섬 사들이는, 2030세대 평범한 이웃이자 30대 가장의 얼굴로 불쑥 나타납니다. 책에 담긴 삽화들은 그 모든 순간에 그리스도가 함께하고 있다고 증언하죠. 당신의 결핍이 곧 결격은 아니라는 것, 고통의 시대를 함께 걷고 있는 동료들에게 젊은 목사가 보내는 용맹하고 투명한 위로입니다.

최은
영화평론가, 모두를 위한 기독교영화제 부집행위원장

○ ● ○

결핍이라는 단어가 상실된 시대를 살고 있다. 인스타그램이 상징하고 있는 요즘 시대의 감성은 확실히 잘난 것을 잘났다고 말하는, 있는 것은 더 과잉시켜서 없는 것도 있는 척 자랑하는 'Flex'로 정의할 수 있겠다. 하지만 풍요를 상징하는 Flex 속에서 위로는 점점 빈곤해진다. Flex는 보면 볼수록 사람을 우울하게 만드는 속성이 있다. 오히려 위로는 결핍해서 온다는 것을 증명한 것이 '레트로' 열풍이다. 저자는 이 부분을 잘 알고 있는 듯하다. 우리가 놓인 풍요의 현실을 따스하지만 적절하게 다루며, 답이 아닌 자신의 삶을 그저 보여준다. 그 속에서 레트로 감성이 주었던 위로와 결이 같은 위로를 발견한다. 사는 건 이런 것이구나, 이게 인간이구나, 삶이란 '그럼에도 불구하고'의 아름다움이 있는 것이구나. 풍요가 주는 빈곤에 지친 사람들에게, 결핍이 주는 위로로 초대하는 이 책을, 기쁨으로 추천한다.

김정주
《안녕, 기독교》 저자

책(册)에는 끈이 있다. 모든 책에는 물리적인 끈과 함께 이야기라는 끈이 있다. 17년째 크론병과 함께 살고 있는 장일 목사의 이야기는 대단히 매력적이다. 곰곰이 생각해보았다. '슬픈데 왜 이리 재밌지. 눈물이 흐르는데 왜 자꾸 미소가 지어지지.' 그의 결핍은 내 안의 결핍과 악수를 나누더니 어느새 따뜻하게 안아준다. 하지만 '결핍'이 주는 '위로'를 발견하기까지 그는 얼마나 무거운 시간을 견뎌내야 했을까. 장일 목사에게 크론병은 "리워야단"(욥 41:1)이었다. 이 무시무시한 괴물은 그를 무참히 무너뜨렸지만 동시에 그로 하여금 통제 가능한 삶에 머물지 않고, 그 너머의 세계를 바라보게 했다. 인생은 통제 가능하다고 우기는 사람은 결코 볼 수 없는 바로 그 세계로 씩씩하게 나아간다. 장일 목사는 말한다. 삶은 거대한 신비라고. 그래서 매 순간이 소중하다, 라고.

광주충광교회 담임목사

○ ● ○

이 책은 결핍을 통해 자신이 이제 무엇을 해야 할지 고민하게 하고, 결핍이 자신의 삶을 갉아먹게 하기보다 삶을 더 풍성하게 하는 방법을 알게 합니다. 30대 후반 젊은 목사의 글이 묵직하게 다가오는 이유는 그의 처절한 생존기이기 때문입니다. 한창 왕성한 20대 초반에 맞닥뜨린 심각한 육체적 결핍(크론병)을 그간의 경험을 담아 17년 후 담담히 풀어낸 글입니다. 결핍으로 고민하는 이에게는 위로를, 그로 인해 난관에 빠진 이에게는 실마리를, 절망하는 이에게 희망의 첫 발을 내딛게 합니다. 사실 저자와의 인연으로 본서의 추천사를 부탁받았을 때 독자들이 바로 책을 주문할 만큼 유혹적이고 멋있는 추천사를 써야겠다고 마음먹었으나 책을 다 읽고 난 후 처음든 생각은 저자와 함께 여행하고 싶다는 것이었습니다. 함께 먹고, 자고, 마음을 담아 이야기를 나누는 그런 여행 말입니다. 본서를 통해 위로받은 이들이 마지막 장을 덮으며 무엇을 하고 싶어할지 궁금합니다.

진일교
광주제일침례교회 담임목사

○ ● ○

목사는 설교자입니다. 목회를 해보니 설교의 내용이나 전달방법보다 설교자와의 인격적인 관계가 더 중요함을 깨닫습니다. 아직 설교가 시작되지 않았는데 설교자를 보기만 해도 벌써 가슴을 몽글몽글하게 만드는 그러한 목사를 저는 알고 있습니다. 예수님께서 우리를 위해 땀이 핏방울이 되도록 기도하셨다면, 장일 목사님은 위장이 배배 꼬인 꽈배기처럼 온 영혼을 갈아넣어 말씀을 준비하고 강단에서 설교합니다. 그렇게까지 해서라도 감당하고자 하는 그 자리가 또 다른 겟세마네요, 해골의 언덕이 아니겠습니까? 이번 《결핍의 위로》는 정갈한 책상 위에서 쓰인 이야기가 아닙니다. 온몸이 뒤틀리는 고뇌와 격정 속에서 나온 산고(産苦)의 결과물입니다. 부디 이 책을 읽는 독자들에게 두려움이 변하여 기도로, 한숨이 변하여 노래로, 슬픔이 변하여 춤으로, 결핍이 변하여 충만으로 바뀌는 놀라운 경험이 일어나기를 기대합니다.

손희선
《길 위의 묵상》 저자, 열린벧엘교회 담임목사

　　　　날개가 꺾인 아픔이었습니다. 청춘의 날개는 무한한 가능성을 상징하기에 언젠가는 나도 마음껏 비상하리라 그렇게 믿고 꿈꿨습니다. 그러나 한순간에 무너져 내린 현실은 더는 추락할 공간마저 없게 만들더군요.

　할 수 있는 것이라곤 건조한 침대에 누워 창밖을 바라보는 것뿐이었습니다. 주위에서는 안타까운 마음으로 위로의 언어, 긍정의 언어, 고상한 신앙의 언어까지 총동원했지만 모두 공허하게 들렸습니다. 그렇게 한동안 꺾인 날개를 부여잡고 침묵과 고통의 나날을 보내야 했습니다.

　"있어야 할 것이 없어지거나 모자람" 국어사전에 등재된 결핍의 정의입니다. 주위를 보면 사회적 지위와 상관없이 결핍은 모두의 문제입니다. 특히나 코로나 팬데믹, 기후 위기, 사회적 양극화를 통해 보듯이 이미 현대사회는 어떤 것도 예측할 수 없는 불확실성의 시대로 깊숙이 진입했습니다. 그만큼 앞으로 인간이 느끼는 결핍의 크기도 더욱 커져갈 것입니다.

이 책을 관통하는 주제는 '결핍'입니다. 단어가 주는 무게와 분위기가 그리 가볍지 않기에 최대한 쉬운 언어와 일상의 에피소드를 사용했습니다. 17년째 결핍과 동거 중인 아찔한 이야기, 그 결핍을 채워준 눈물겨운 사건들, 결핍의 렌즈로 들여다본 우리네 교회 그리고 결핍 사회 대한민국의 모습들….

한때는 희방서서 삼켜버린 결핍이 너무도 가혹하게 느껴졌습니다. 내가 안고 있는 결핍이 너무 치명적이라 생각했기에 무엇으로도 메울 수 없다고 체념했었죠. 하지만 오병이어의 사건처럼 텅 빈 자리는 역설적으로 풍요를 맛볼 수 있는 최적의 입지였습니다.

결핍의 원인은 저마다 다르지만 그로 인해 겪는 고민과 아픔은 모두 동일하리라 생각합니다. 그래서 저의 서툰 이야기가 인생의 흐린 날을 지나고 있는 분들께 위로와 희망으로 가닿았으면 좋겠습니다.

마지막으로 이분들이 없었다면《결핍의 위로》도 없었을 것입니다. 존경이라는 단어를 쓸 때 가장 먼저 떠오르는 아버지 장영기 선교사님과 어머니 김금례 사모님, 내가 가장 사랑하는 두 미소 아내 재인과 딸 채린, 나의 벗 나의 멘토 남수다, 함량미달 병약한 목사를 용납해주신 팔로우공동체 가족들에게 깊은 감사를 전합니다.

지금도 결핍 가운데 찬란함을 보여주시는 우리 하나님을 찬양하며, 그분께서 이 책을 읽는 독자 한 분 한 분에게 채움의 신비로 함께하시기를 기도합니다.

2021년 10월

빛고을 광주에서 장 일

차
례

1장 결핍의 세계로 들어가다

2장 결핍에서 사랑을 배우다

1장

결핍의 세계로 들어가다

네? 무슨 병이라고요?

"큰 병원으로 가보시는 게 좋겠습니다."

대장내시경 검사를 마친 의사 선생님이 드라마의 한 장면처럼 덤덤하게 말씀합니다. 군에 입대하여 몇 개월이 지난 무렵, 고등학교 때 앓았던 치루(항문 주위에 농양이 생기는 질환)가 재발한 것이었죠. 다행히 부대의 허락을 받아 집 근처 전문병원에서 재수술을 받을 수 있었습니다.

그런데 이상합니다. 보통 몇 개월이면 환부에 살이 차고 고름도 줄어야 하는데 도통 회복될 기미가 보이지 않았습니다. 결핵성 치루가 의심되어 그 독하다는 결핵약을 6개월이나 복용했지만 아무 소용이 없었습니다. 다시 방문한 병원에서는 서울에 있는 더 큰 병원으로 가볼 것을 권유했습니다. 싸한 느낌을 뒤로

하고 돌아와 즉시 서울대병원에 예약을 잡았습니다. 얼마 후 여러 정밀검사와 조직검사를 통해 받은 최종 진단명은 '크론병'이었습니다.

"네? 무슨 병이라고요?"

적막한 진료실 안에서 저나 동행했던 아버지나 생전 처음 들어본 병명 앞에 적잖이 당황했습니다. 희귀난치성 질환인 크론병은 입에서 항문까지 소화기관 전체에 걸쳐 어느 부위에서나 발생하는 만성 염증성 장 질환입니다. 그때까지 치루 수술을 무려 세 번이나 받았는데, 알고 보니 그 치루가 크론병의 합병증으로 생긴 것이었습니다. 유명인 중에서는 가수 윤종신 씨가 이 질환을 갖고 있으며 같은 병원에서 치료 중입니다.

결국 저는 전역 4개월을 남겨놓고 불명예스러운 의병 제대를 통보받았습니다. 일찍 집에 간다는 설렘이요? 그런 게 있을 리가요. 오히려 억울한 마음만 가득했습니다. 애초에 크론병은 군 면제 질환이었으니까요.

2005년 12월의 어느 날, 아직도 그 기억이 생생합니다. 패잔병처럼 군병원을 나서던 그날은 유독 눈이 낭만적으로 내렸습니다. 그땐 미처 몰랐습니다. 제 청춘에 들이닥친 결핍이 앞으로 얼마나 처절하고 또한 눈부실지.

빛이 되어준 아이

일본의 대문호로 불리는 오에 겐자부로는 한때 "그의 존재만으로 다른 작가 지망생들은 붓을 꺾었다"라는 말이 있을 정도로 일본 문학계에 군계일학 같은 존재였습니다. 그는 일찍부터 문학계에 두각을 나타냈습니다. 고등학교 졸업 후 일본의 명문, 도쿄대학 불문과에 진학합니다. 재학 중인 1958년, 23세의 나이로 일본 최고 권위의 아쿠타가와상을 최연소 수상하며 작가로서 선명하게 이름을 각인시킵니다. 이후 그는 일본 유명 영화감독의 딸과 결혼합니다. 누가 봐도 일본 최고 선남선녀의 결합이었죠. 하지만 탄탄대로였던 오에의 인생은 29세 때 극적인 전환을 맞이합니다. 첫아이가 장애아로 태어난 것입니다. 아이의 뇌는 두개골 밖으로 튀어나와 있었습니다.

충격도 잠시, 의사는 더 절망스러운 소식을 전합니다. 즉시 수술을 받지 않으면 죽고, 수술을 받더라도 자폐, 발달장애, 정신지체 등 평생 심각한 장애를 안고 살아가야 한다고. 오에는 출생신고와 동시에 사망신고서를 작성하며 아이의 이름을 '빛'이라는 뜻의 '히카리'라고 짓습니다. 훗날 그는 이렇게 고백했습니다. "그 아이의 존재는 내 의식의 밝은 면뿐만 아니라 어둡고 깊은 곳까지 구석구석 밝혀주는 빛이었다."

오에는 1964년에 《개인적인 체험》(을유문화사, 2009)이라는 소설을 출간하며 집필 동기를 이렇게 밝혔습니다. "장남이 장애아로 태어난 것, 이것이 내 소설의 전기가 되었다. 나는 지금까지 인간에 대해 비판적 입장을 취해왔으나 이 일로 인해 인간을 격려하는 문학을 쓰지 않으면 안 된다는 생각을 하게 되었다." 그로부터 3년 후인 1967년 그의 작가정신이 집대성된 대작 《만엔원년의 풋볼》(웅진지식하우스, 2017)이 출간됩니다. 이후 1994년 오에 겐자부로는 일본에서 두 번째로 노벨문학상을 수상합니다.

누구나 결핍은 있다

결핍에서 자유로운 인생이 있을까요? 크든 작든 우리는 모두 결핍을 안고 살아갑니다. 저처럼 예기치 못한 질병을 앓고 있는 분, 자신보다 더 사랑하는 사람을 떠나보낸 분, 깨어진 관계의 조각에 찔려 아파하는 분, 경제적으로 바닥을 치다 못해 이미 지하로 들어간 분, 내일 혹은 나 자신에 대한 확신이 없어 끝없이 후퇴를 경험하고 있는 분… 저마다 사연은 다르지만 누구에게나 결핍은 분명히 있습니다.

여기서 더 질문을 해보겠습니다. 대체 인간의 결핍은 어디에서 시작된 것일까요? 프로이트, 아들러, 융 등 현대 심리학에서는 여러 접근 이론으로 결핍을 설명합니다. 모두 유익한 이론이지요. 그러나 성경에서는 보다 근원적으로 인간 내면의 결핍을 다룹니다. 인류의 조상인 아담의 범죄 이후로 인간은 스스로 메울 수 없는 결핍을 모두 안고 태어난다고 말이죠. 다시 말해 현재 우리가 경험하는 육체적·정서적·관계적·물질적 결핍은 필연이라는 것입니다. 운 좋으면 피해갈 수 있는 확률 게임이나 인간의 의지나 노력으로 극복되는 문제가 아니라는 것이죠.

그리스도인도 예외는 아닙니다. 당시 저는 잘 몰랐어요. 모태신앙이었지만 기독교 세계관이 정립되지 않은 시기라 "왜 나한테 이런 일이?"라는 분노와 원망부터 나오더군요. 그도 그럴 것이 예수 믿으면 복 받고 꽃길을 걷는다는 막연한 믿음 외에는 없었으니까요. 그래서 내 안의 결핍과 마주하기까지 일탈과 방황의 시간이 필요했던 것 같아요. 이 이야기는 뒤에서(160쪽, 왜 하필 저입니까?) 더 자세히 소개하도록 할게요.

결핍의 원인을 어디에서 찾고 있나요? 나의 과거나 그날의 선택, 아니면 가까운 사람들에게서 찾고 있지는 않나요? 저의 어머니는 여전히 뼈만 앙상한 저를 볼 때마다 군대에서 병을 얻어왔다며 한탄하십니다. 물론 부모로서 느끼는 애절함은 이해하지만 이건 그 누구의 탓도 아니에요. 병을 확인한 시기가 군 복무 중이었을 뿐 병은 이미 진행되고 있었으니까요. 그러니 '만약에'라는 불필요한 가정은 그만 멈추고 내 안의 결핍에게 정식으로 인사를 건네보면 어떨까요? 기대감도 조금 가지고요. 지금 결핍이 있는 그 자리가 끝이 아니라 거기서부터 주님이 수정된 지도를 쥐어주실 테니까요.

맑은 날보다 흐린 날이 많았다

"일기예보를 볼 필요가 뭐가 있어, 보나 마나 내일도 비가 오겠지."

'영국 날씨'라는 노래 가사입니다. 제 신체 컨디션이 딱 이 노래 가사 같아요. 작년만 해도 1년 365일 중 300일 이상이 흐리거나 비가 내렸거든요. 언젠가 1분 단위로 바뀌는 영국 날씨를 풍자한 만화를 봤는데 그 또한 제 모습을 보는 것 같아 참 웃펐던 기억이 납니다.

"여보, 오늘 쉬는 날이니 채린이 데리고 잠깐 바람이라도 쐬고 올까요?"

좀처럼 오지 않는 나들이 제안에 아내는 상기된 표정으로 인스타그램 검색창을 두드립니다. 그리고 얼마 후 행선지 후보를 물어옵니다.

"여보, 비엔날레 어린이 미술관도 좋고, 아니면 오랜만에 담양에 다녀올까요? 거기서 떡갈비도 먹고 죽녹원도 둘러보면 좋을 것 같은데 당신은 어디가 좋겠…"

순간 정적이 흐르고 아내의 한숨 소리가 들려옵니다.

"어휴… 당신 얼굴 좀 봐요. 낯빛이 그새 변한 거 보니 오늘은 그냥 집에서 쉬는 게 좋겠네요. 채린이는 걱정 마요. 아빠 아픈 거 아니 가까운 놀이터라도 다녀올게요. 그러니 당신은 편히 쉬어요."

결혼 후 한두 번 있었던 일이 아니기에 아내도 포기가 빨라졌습니다. 겉으론 괜찮다고 하지만 쓸쓸히 돌아서는 뒷모습을 볼 때면 전라도 말로 참 거시기합니다.

주중 일정을 소화하는 일도 저에게는 미션처럼 느껴집니다.

"목사님, 죄송하지만 오늘 모임은 참석이 힘들겠습니다."

"무슨 일 있으세요?"

"아니요. 분명 오전까지는 괜찮았는데 씻고 집을 나서려고 하니 갑자기 배가 쥐어짜듯이 아프고 설사가 시작되네요. 이렇게 급작스럽게 말씀드려 정말 죄송합니다."

"괜찮아요, 목사님. 건강이 우선이죠. 푹 쉬시고 그럼 다음 모임 때 뵙도록 해요."

갑자기 약속을 취소하는 일에 부담감을 크게 느끼는 편이라 아픈 몸을 이끌고 나가 괜찮은 척 연기했던 날도 많습니다. '밥 한번 먹자'는 흔한 약속을 지키기 쉽지 않은, 모두가 바쁘게 살아가는 시대입니다. 상대는 저 때문에 어렵게 일정을 조율했을 텐데 당일에 펑크를 내면 큰 실례라는 생각에 무리를 하지요. 38도가 넘는 고열에도 꾸역꾸역 입에 타이레놀을 밀어 넣고 지인들을 만난 기억도 납니다.

"아빠 오늘 저녁에는 괜찮아? 목소리가 아침보다 더 안 좋네."

효녀 심청이 환생한 듯 채린이는 네 살 무렵부터 아빠의 컨디션을 살피기 시작했습니다. 미니마우스 인형이 달린 어린이집 가방을 내려놓으며 다소 진지한 표정을 짓는 모습을 보면 누가 보호자인지 실소가 터져 나옵니다. 이처럼 시도 때도 없이 컨디션이 뒤바뀌는 일은 저에게 지극히 평범한 일상입니다.

흐린 날 진짜 필요한 것은?

"채린아, 보고 싶은 책 가지고 소파로 올라오렴."

매일 저녁 아이에게 동화책을 읽어주려고 애를 쓰고 있습니다. 아직 채린이가 한글을 읽지 못해서 캐리 언니 뺨치는 또렷한 발음과 맛깔나는 연기를 더해 책을 읽어주려 합니다. 이때 동화책의 그림은 단순한 배경이 아닙니다. 아이는 아빠가 읽어주는 글을 귀로 듣고 눈으로 책의 그림을 응시하며 입체적으로 책을 소화해갑니다.

일본 논픽션 작가 야나기다 구니오가 쓴 《마음이 흐린 날엔 그림책을 펴세요》(수희재, 2006)에서 저자는 "그림책은 일생에 세 번 읽어야 한다"라고 힘주어 말합니다. 첫 번째는 어릴 때, 두 번째는 아이를 양육할 때, 세 번째는 인생의 후반부에 접어들었을 때입니다. 여기서 세 번째가 중요한데 이때 그림책을 집어 드는 동기는 아이를 위해서가 아닌 철저히 자신을 위해서입니다.

흔히 그림책을 어릴 적 읽고 떼는 유아용품 정도로 생각하는데, 그렇지 않습니다. 그림책은 심오한 철학과 인생의 혜안을 담고 있는 예술서적입니다. 또한 현실에 찌들고 얼룩진 우리 마음을 정화시키며 순수한 감성을 다시 회복시키는 역할도 합니다. 성인이 되고 인생의 후반부에 접어들수록 소멸되는 것이 있는데, 바로 상상력과 판타지입니다.

여러분의 오늘, 어땠나요?

'삑삑삑삑~ 띠리링' 제 아내는 퇴근 시간이 되면 영혼이 가출한 듯한 몰골로 터벅터벅 현관에 들어섭니다. 여러분의 모습도 별반 다르지 않겠지요. 안타깝게도 우리가 마주하는 흐린 날은 거의 변하지 않습니다. 책상 위에 쌓여 결재를 기다리는 서류들, 오늘도 나의 자존감을 무참히 무너뜨리는 상사들, 그 안에서 곪아가는 아픔과 상처들….

아침 출근을 앞두고 창밖으로 비가 쏟아지는 광경을 보면 한숨부터 나옵니다. '에휴… 오늘도 차가 꽤나 막히겠군.' 하지만 아이들은 똑같은 광경을 보며 이렇게 말합니다.

"아빠, 오늘은 핑크색 장화를 신고 가야겠어요. 아파트 화단에서 달팽이와 개구리도 만날 수 있겠죠?"

인생의 흐린 날 우리에게 필요한 것은 치킨과 넷플릭스가 아닌 이러한 감성이 아닐까요? 하나님께서 인간 내면에 심어주신 순수성을 깨워줄 수 있는 것이라면 굳이 그림책이 아니어도 좋습니다. 기억할 것은 그 순수성의 회복입니다. 얼마간의 시간이 지나 순수성이 회복되면, 그것이 축 처진 내 영혼의 피부에 탄력을 주며 들리지 않던 자연과 사람들의 소리에 다시 반응하게 만들어줄 것입니다.

내겐 쉽지 않았던 LOVE YOURSELF

한국이 낳은 월드 스타 방탄소년단은 2017년 'LOVE YOUR-SELF' 시리즈 앨범을 발매하면서 전 세계의 주목을 받게 됩니다. 특히 타이틀곡 〈DNA〉는 뮤직비디오가 13억뷰를 넘길 만큼 폭발적인 관심을 받았습니다. '자기 자신을 사랑하는 것이 진정한 사랑의 시작'이라는 모토가 언어와 국경, 인종과 종교를 뛰어넘어 전 세계 팬들의 마음을 하나로 모은 것이죠.

"타인을 사랑하기 전에 먼저 자기 자신을 사랑하라."

심리학이나 자기계발 서적에서 한번쯤 읽어봤을 문장입니다. 바꿔 말하면 '자기 자신을 사랑하지 않는 사람은 타인도 사랑할 수 없다'는 뜻이 되겠죠. 주위를 보면 의외로 자기 자신을 사랑하는 데 서툰 사람이 많습니다. 자신의 외모나 스펙에 만족하지 못하고 주위 사람과 비교하거나 남들이 모르는 결핍과 아픔이 있으면 자신을 사랑하기 쉽지 않습니다.

찰칵! 찰칵! 요즘 인싸들이 즐겨 찾는 카페에 가면 포토존에서 셀카를 찍는 사람들을 쉽게 볼 수 있습니다. 사람들은 신상 아이템을 사거나 오늘 자신의 모습이 마음에 들 때 본능적으로 휴대폰을 꺼내듭니다. 셀카를 찍는 데서 그치지 않고 인스타그램 같은 SNS에 공유하지요. 그러나 계절이 여러 번 바뀌도록 휴대폰 사진첩에 셀카 하나가 없는 사람이 있습니다. 물론 이와 상관없이 자존감이 높은 사람들도 있지만 타인과의 비교로 열등감과 자기 비하에 빠진 경우도 적지 않다고 합니다.

생각보다 깊숙이 팬 상처

저는 비교적 늦게 이성에 눈을 떴습니다. 학창 시절 조숙한 친구들은 초등학교 때부터 이성 교제를 시작했는데 저는 스무 살, 대학에 가서야 첫 연애를 시작했습니다. 캠퍼스에서는 저에게 호감을 표시하는 이성도 있었고, 여자 사람 친구들과도 가깝게 지냈기에 청춘사업에 별다른 어려움이 없었습니다.

하지만 크론병을 진단받은 후로는 순탄하던 연애에도 변화가 생기더군요. 제대 후 학부시절(신학과)에는 공부에만 집중했고 연애에는 그다지 관심을 두지 않았습니다. 이후 대학원에 진학하고 서른이 가까워오자 비로소 결혼에 관심이 생기기 시작했습니다. 그러던 중 한 자매와 교제를 하게 되었지요. 배우 손예진을 닮은 눈웃음을 지녔기에 누가 봐도 눈길이 가는 자매였습니다. 정식적인 교제라고 하기에는 모호한, 몇 달간 데이트를 통해 서로 알아가는 중이었습니다.

데이트를 할 때마다 저는 밀당 없이 마음을 표현했고 그렇게 조금씩 가까워졌습니다. 서로를 어느 정도 알아갈 무렵, 이제는 진지하게 교제하고픈 마음이 들었습니다. 그러나 그 전에 자매가 꼭 알아야 할 것이 있었습니다. 그게 뭐겠습니까? 저의 투병 사실이죠.

이ㄴ 닐 저녁, 마음을 다삽고 자매에게 전화를 걸었습니다. 어떻게 설명해야 할지 고민하다 있는 그대로 제 상황을 털어놓았습니다.

"이제는 진지하게 교제하고 싶은데 아직 말하지 못한 내용이 있어 전화했어요. 사실 저는 크론병이라는 희귀난치성 질환을 앓고 있어요. 놀라진 마세요. 죽는 병은 아니고 평생을 관리해야 하는 그런 병이에요. 그럼에도 가벼운 질병은 아니기에 정식 교제에 앞서 먼저 충분히 생각할 시간을 주려고 해요."

이야기를 들은 자매는 일주일 정도 생각할 시간을 달라고 했습니다.

사랑하라 한 번도 상처받지 않은 것처럼

저는 두 달에 한 번 서울아산병원에서 진료를 받고 있습니다. 병원으로 이동할 때는 주로 택시를 타기에 종종 자연스레 기사님과 이야기를 주고받습니다.

"젊은 청년이 어디가 아파서 병원에 가나?"

"네, 기사님. 잘 모르실 텐데 크론병이라고 있어요."

"아, 크론병 잘 알지. 택시에 크론병 환자 많이 태우는데, 거 젊은 사람들이 안됐더라고. 들어보니 일찌감치 결혼을 포기한 친구들도 있던데 참 보기가 안쓰러워."

일주일 후에 자매에게 연락이 왔습니다. 안타깝게도 대답은 NO였습니다. 아무래도 제 상황이 부담스러웠던 모양입니다. 언젠가 데이트 중에 자매가 이런 말을 했던 기억이 나네요. 평범하게 살고 싶다고. 그 평범한 삶이 무엇인지 구체적으로 묻지는 않았지만 뉘앙스는 이해할 수 있었습니다. 생각지 않던 목회자 후보생과의 만남도 적잖은 부담인데 거기에 희귀병까지 안고 있으니 선뜻 용기를 내기가 쉽지 않았을 겁니다.

이후 자매와의 관계는 잘 정리했습니다. 그녀 앞에선 마지막까지 애써 밝은 척, 괜찮은 척, 여유 있는 척은 다 했지만 실제로는 그렇지 않았죠. '총 맞은 것처럼' 노랫말과 같이 정말 가슴에 구멍이 몇 개 뚫린 듯한 그런 느낌이더군요. 집에 도착해 침대에 멍하니 걸터앉아 생각했습니다. '아픈 것도 서러운데 이제는 연애나 결혼까지 내 뜻대로 되지 않는구나.' 그렇게 거절의 상처와 몰려오는 우울감 때문에 한동안 긴 밤을 보내야 했습니다.

그러던 중 우연히 시집 한 권을 보고 마음의 치유를 얻었습니다. 류시화 시인의 《사랑하라 한 번도 상처받지 않은 것처럼》(오래된미래, 2005)이었습니다. 다 읽진 않았지만 제목만으로 울림은 충분했습니다. 무엇보다 이별의 상처에 가로막혀 느끼지 못했던 하나님의 시선이 다시 느껴지기 시작했습니다.

'맞아, 하나님께서 날 사랑하시지. 어떤 모습, 어떤 형편이더라도. 독생자를 내어주신 그 사랑으로 나를 안아주셨는데 어떻게 내가 스스로를 못마땅하게 여기거나 미워할 수 있을까?'

물론 내면의 상처와 우울감이 한순간에 극복되진 않더군요. 그럼에도 하늘에 시선을 맞추니 거칠고 메마른 내면에 초록 새싹이 피어나고 다시 누군가를 사랑할 수 있는 용기도 생겨났습니다.

끝으로 제가 좋아하는 가스펠 찬양을 소개하며, 여러분도 진 정한 LOVE YOURSELF를 발견하길 축복합니다.

내 모습 이대로 사랑하시네
연약함 그대로 사랑하시네
나의 모든 발걸음 주가 아시나니
날 인도하소서

주의 날개 아래 거하는 것
주의 임재 안에 거하는 것
나의 가장 큰 소망 나의 가장 큰 은혜
주와 함께 동행하는 일

'내 모습 이대로', 김지은 작사

넌 나에게 예민함을 줬어

20대 초반까지 제 성격은 무난한 편이었습니다. 크게 가리는 음식 없고, 잠자리가 바뀌어도 별다른 불편함을 못 느꼈습니다. 그런데 크론병을 진단받은 후에는 성격이 180도 바뀌더군요. 방사능 거미에 물린 후 초능력을 얻게 된 스파이더맨처럼 크론병 진단 후 예전에 없던 고슴도치급 예민함이 온 신경에 탑재됐습니다.

고슴도치 본 적 있으신가요? 저는 아직 없지만 유튜브에서 반려동물로 키우는 영상을 본 적 있습니다. 고슴도치는 다른 반려동물에 비해 무척 까다롭고 예민한 편이라고 하네요. 실제로 작은 소리나 자극에도 몸을 밤송이처럼 돌돌 말아버려서 제법 친해지기 전까지는 수도 없이 물리고 찔리는 난관을 거쳐야 한다고 합니다.

　가장 예민해진 부분은 음식입니다. 크론병은 염증성 장 질환이라 식단 조절이 아주 중요합니다. 맵고, 짜고, 튀기고, 기름지고, 자극적인 음식 즉 떡볶이, 짬뽕, 치킨, 삼겹살, 아이스크림 등은 가급적 삼가야 합니다. 하지만 본능적으로 끓어오르는 식탐을 제어하기가 어디 그리 쉽나요? 무소유로 유명한 법정스님도 목욕 후엔 바밤바를 무려 두 개씩 드셨다던데… 어쨌든 지켜야 할 선을 넘은 대가는 매우 혹독합니다.

　증세가 약한 경우에는 설사로 끝나지만 이게 두세 번으로 그치는 정도가 아닙니다. 어떨 때는 아침 해가 뜰 때까지 화장실을 들락거리다 탈수증상을 겪기도 합니다. 다음날 혈관에 수액을 꽂아줘야 겨우 정신이 돌아오지요. 증세가 심할 때는… 아, 정말 생각하기도 싫네요. 그럴 때는 장이 막히는 장폐색이 오는데 최악의 경우에는 장을 절제하는 응급수술까지 받아야 합니다. 이렇듯 음식 하나로 한 계절의 운명이 바뀔 수 있기에 크론병 환자는 대체로 예민한 성향을 갖고 있습니다.

예민 보스를 만나다

코로나19로 집에 있는 시간이 늘다 보니 덩달아 층간 소음 분쟁도 늘어나고 있습니다.

"채린아, 집에서는 뛰면 안 돼요."

아이가 3살이 되던 해부터 다리 근력을 자랑하기 시작하더군요. 매번 주의를 주었고 심하게 뛰지도 않기에 크게 문제 삼지는 않았습니다. 어느 날 외출을 하고 돌아오니 아내의 표정이 어두워 물어보니 아래층에서 시끄럽다고 올라왔었다고 하더군요. 더 주의하며 지내던 어느 날 거실에서 작은 테이블 하나를 조립하다 실수로 합판을 떨어뜨려 소음이 났지만 낮 시간이니 대수롭지 않게 여겼습니다. 그런데 곧 '띵동' 하고 초인종이 울렸습니다. 나가보니 아래층 아저씨입니다. '밤늦은 시간도 아니고 이 정도면 생활 소음인데 너무 예민한 거 아닌가?'라는 생각이 들었지만 지난번 일도 있어서 죄송하다며 머리를 숙였습니다.

이후 바닥에 소음 매트를 깔고 더 주의를 기울였지만 아래층의 항의는 계속되었습니다. 급기야 이제는 야구배트 같은 물건으로 천장을 쾅쾅 치는데 그 공포감 때문에 집안 분위기는 시베리아가 됐습니다. 결국 아래층으로 가 벨을 눌렀습니다.

"16층입니다. 층간 소음 문제로 이야기 좀 나눴으면 합니다."

정중히 말씀드리고 집 안으로 들어갔습니다. 소파에 앉아 차분하게 이야기를 나눠보니 그간 몰랐던 속내를 들을 수 있었습니다. 다름 아니라 아래층 아저씨는 몇 개월 전 실직한 상태였습니다. 밖에서 담배를 태우는 시간을 제외하면 종일 집 안에만 머무는 듯 보였습니다. '아, 이래서 큰 소음도 아닌데 그렇게 예민하게 반응하셨구나.' 순간 아저씨의 처지가 이해되었습니다. 저는 솔직하게 말씀드렸습니다.

"사장님, 보통 층간 소음은 아래층의 고충이 크지만 위층인 저희도 어려움이 있다는 것을 알아주셨으면 좋겠습니다. 그렇게 천장을 칠 때마다 아이에게 버럭 소리를 지르게 되니 저희도 집 안 분위기가 말이 아니네요. 그러니 일부러 소음을 내는 게 아니라는 점을 알아주시고 저희도 더 노력할 테니 서로의 고충을 헤아려갔으면 좋겠습니다."

다행히 진솔한 마음이 전해졌는지 그날 이후로 더 이상 초인종은 울리지 않았습니다.

예민함 극복하기

삼성서울병원 정신의학과 전홍진 교수는 저서《매우 예민한 사람들을 위한 책》(글항아리, 2020)에서 '예민한 사람일수록 현재에 집중해야 한다'고 강조합니다. 왜냐하면 그들은 다른 사람은 잊어버리는 과거를 자꾸 현재와 연결시켜 스스로를 더 예민하고 우울하게 만들기 때문입니다. 아마도 천장을 두드리던 아래층 아저씨가 이런 경우였나 봅니다. 실직으로 인한 괴로움을 극복하지 못하니 작은 소음이 탱크나 비행기의 굉음처럼 들렸던 것이죠.

사실 현재의 예민함은 과거의 트라우마와 어느 정도 관련이 있습니다. 앞서 이야기했듯 저는 음식 때문에 남들보다 예민 지수가 높습니다. 여러분은 어떤가요? 누구에게나 다른 사람보다 좀 더 예민한 부분이 있습니다. 한 번의 실수로 치부하기에는 너무도 큰 손해, 간도 쓸개도 다 내줬는데 배신으로 돌아온 관계의 아픔, 이로 인해 발생하는 지나친 방어기제 등 극복되지 않은 과거의 상처가 온순했던 우리를 가시가 잔뜩 돋아난 고슴도치로 만드는 것이죠.

어떻게 하면 높아진 예민 지수를 다시 정상으로 끌어내릴 수 있을까요? 먼저 과거에 나를 아프게 했고 현재까지 영향을 미치는 사건은 절대 변하지 않는다는 사실을 기억할 필요가 있습니다. 〈백 투 더 퓨쳐〉의 드로이안(타임머신)이 있다면 모를까 다시 되돌릴 수 없죠. 선택지는 두 가지입니다. 과거라는 실패의 수용소에 남을 것인가 아니면 오늘이라는 새로운 무대로 나올 것인가.

사실 '과거가 아닌 현재에 집중하라!'는 메시지는 그다지 새롭지 않습니다. 어려서부터 너무 많이 들어왔으니까요. 그럼에도 지금까지 회자되는 이유는 이 단순한 진리에 담긴 역동성에 있습니다. 성경은 이렇게 말하네요.

그러므로 우리는 낙심하지 않습니다. 우리의 겉사람(과거)은 쇠약해 가지만 우리의 속사람(현재)은 날마다 새로와지고 있습니다.

고린도후서 4:16, 현대인의성경

이 고백을 신뢰할 때 오늘도 꿈틀대는 새로움을 발견할 수 있습니다.

아찔하고 특별한 결혼식

"이 결혼 꼭 해야 하나요? 회원님들의 조언을 구합니다."

제가 활동하는 커뮤니티 사이트에 익명으로 올라온 게시물입니다. 과거 제아무리 꿀이 범벅되는 시간을 보냈더라도 연애와 결혼은 엄연히 장르가 다릅니다. 본격적으로 결혼을 준비하다 보면 말로만 듣던 높은 현실의 벽을 체감하게 됩니다. 신혼집 장만, 예단 및 혼수 때문에 끝내 파혼하는 경우도 주변에서 어렵지 않게 볼 수 있습니다.

감사하게도 저희는 이러한 현실적인 문제로 얼굴을 붉힌 적은 없었습니다. 저나 아내나 솔직하게 서로의 상황을 열어두고 소통했고, 상견례를 앞두고 미리 양가 집안의 주파수를 어긋나지 않게 조율했습니다. 양가 어른들께서도 특별히 요구하는 게 없었기에 상견례는 유쾌한 분위기 속에 마칠 수 있었습니다.

그러나 예기치 못한 복병이 있었으니 바로 저의 컨디션이었습니다. 실은 연애시절부터 맞고 있던 주사에 내성이 생기기 시작했습니다. 그리고 결혼을 준비하는 기간에는 약발이 거의 끝나가 정상 컨디션이 아니었죠. 이 짧은 몇 달 동안 두 번의 입원 치료를 받아야 했습니다. 첫 번째 입원은 대용량 영양제 및 온갖 약물을 끌어모아 다행히 한 주 만에 컨디션을 회복했습니다.

문제는 두 번째 입원이었습니다. 결혼식을 3주 앞둔 어느 날이었습니다. 배가 사르르 아파 화장실에 갔더니 피가 변기를 새빨갛게 물들였습니다. 경험상 이러한 출혈은 최악의 응급상황 중 하나입니다. 갑작스러운 과다 출혈이 발생하면 정신을 잃고 쓰러지는 급성 쇼크가 동반되기 때문입니다. 하루 이틀에 잡히는 증상이 아니기에 헤모글로빈 수치 저하를 막으려면 수혈 외에는 방법이 없습니다. 만약 그래도 출혈이 잡히지 않으면 다시 수술대에 올라야 하는 최악의 경우도 생깁니다.

저희 아들 좀 고쳐주세요

곧바로 근처에 있는 대학병원으로 향했습니다. 담당 주치의는 서울에 있지만 이렇게 응급상황이 발생할 경우에는 가까운 지역 병원을 찾아야 합니다. 입원 수속을 마치자 금식 명령과 함께 주렁주렁한 약물들이 혈관에 공급됩니다. 그런데 며칠이 지나도 도통 출혈이 잡히지 않습니다. 결국 참다못한 어머니가 말을 꺼내십니다.

"일아, 아무래도 서울로 올라가야겠다."

그렇게 서울아산병원으로 향했습니다. 삐오삐오 요란한 사이렌 소리가 스며드는 앰뷸런스 안에서 애써 착잡한 마음을 달래보는데 훌쩍이는 소리가 들립니다. 눈을 떠보니 어머니가 흐느끼며 울고 계셨습니다. 한 손은 제 배에 올린 채 기도를 하면서 말이죠. 그때 어머니의 심정이 어땠을까요? 누구보다 마음 졸이며 결혼식이 무사히 마치기를 소원하셨건만, 현실은 앰뷸런스 침상에 누워 있는 핏기 없는 아들의 얼굴을 봐야 했으니 억장이 무너지셨겠지요.

3시간이 채 안 되어 응급실에 도착했습니다. 레지던트에게 상황을 설명하고 기본 검사 후 병실로 올라갔습니다. 담당 주치의를 만나는 첫 회진 날, 어머니께서 호소에 가까운 부탁을 하십니다.

"선생님, 저희 아들 3주 후에 결혼식입니다. 꼭 그 안에 회복해서 내려가야 합니다. 특별히 잘 좀 부탁드릴게요."

차트를 확인한 담당 주치의는 인자한 미소를 지으며 바로 집
중치료에 들어갔습니다.

돌아보면 보호자로 올라온 어머니가 가장 애쓰셨지만 광주에
홀로 남은 예비 신부의 고생도 만만치 않았을 겁니다. 결혼 막바
지에는 이것저것 세심하게 챙겨야 할 것이 많은데 하필 그 시기
에 불확실한 이직까지 앞두고 있었거든요. 통화할 때면 제 빈자
리가 더욱 크게 느껴졌는지 수화기 너머 들려오는 울음을 달래
느라 참 미안했던 기억이 납니다.

사건이 아니라 해석이다

이느닷 집중치료의 효과가 나타나기 시작했습니다. 지독한 출
혈이 잡히고 약물 반응도 좋아 급격히 떨어졌던 수치들이 다시
정상에 가깝게 회복되었습니다. 그렇게 결혼식을 일주일 앞두고
신혼여행을 대비한 영문 소견서까지 챙겨 아슬아슬하게 퇴원했
습니다. 솔직히 이쯤 되면 해피엔딩으로 끝날 법도 한데 마지막
난관이 하나 더 남아 있었습니다. 결혼식 당일 아침 웨딩숍에서
헤어와 메이크업을 받고 있는데 갑자기 어지러움과 메스꺼움이
느껴졌습니다. 옆자리에 장모님이 계셔서 슬그머니 빠져나와 곧

바로 변기로 달려갔습니다. 구토를 반복하며 겨우 흔들리는 멘탈을 부여잡았습니다. 나중에 알고 보니 퇴원할 때 받아온 항생제의 부작용이더군요. 행여나 환한 신부의 얼굴에 그늘이 질까 예식이 끝날 때까지 아무렇지 않은 척 열렬한 연기를 펼쳤습니다. 그렇게 아찔한 결혼식은 달콤한 입맞춤으로 성대한 막을 내렸습니다. 얼마나 호흡을 가다듬으며 긴장했는지 피로연복을 갈아입는 자리에서 털썩 주저앉아 한동안 일어서지 못했던 기억이 나네요.

가끔 세 식구가 나란히 소파에 앉아 유튜브에 저장된 결혼식 영상을 봅니다. 아무래도 채린이의 시선에는 화면 속 모든 것이 궁금한가 봅니다.

"와, 엄마 정말 공주 같다. 나도 나중에 크면 저렇게 예쁜 드레스 입고 아빠랑 결혼할 거야. 엄마, 저때 채린이는 엄마 배 속에 없고 하나님 곁에 있었지?"

깔깔대며 행복한 수다를 떨고 나면 마치 곡예비행 같았던 그 아찔한 순간들이 다시금 특별한 경험으로 재탄생됩니다.

누가 그랬던가요? "인생은 사건 중심이 아니라 해석 중심"이라고. 성경의 인물들도 마찬가지입니다. 요셉은 과거 형들의 손에 이집트로 팔려간 사건을 훗날 하나님의 계획으로 해석했습니다. 모세 또한 이스라엘의 광야 40년 여정을 하나님께서 복 주시기 위한 시험과 연단의 과정으로 해석했습니다. 이처럼 떠올리기 힘든 사건은 모두에게 있을 거예요. 다만 깊이 묻어두었던 그 기억을 탈탈 털고 다시 믿음의 렌즈로 들여다보면 어느 하나 버릴 것 없는 삶의 콘텐츠로 남습니다. 그렇게 아픔을 딛고 선 자리에서 인생의 가장 빛나는 화양연화(花樣年華)를 마주할 것입니다.

무엇을 먹을까

'오늘은 뭐 먹지?'

매일 아침 눈을 뜨면 자동적으로 드는 질문입니다. 예수님께서 "무엇을 먹을까, 무엇을 마실까 걱정하지 말라" 하셨건만 저와 같은 염증성 장 질환 환자에게는 매일 피할 수 없는 질문입니다. 특히 첫 끼를 어떻게 먹느냐가 대단히 중요합니다. 대체로 죽, 누룽지, 된장국, 소고기뭇국 같은 부드러운 음식을 먹으면 하루의 시작이 순조롭습니다.

하지만 인생에는 늘 변수가 존재하죠. 꼭 컨디션이 안 좋을 때 냉장고는 비어 있고 간단히 돌려먹을 햇반마저 없더라고요. 어쩔 수 없이 빵이나 김밥으로 때우고 약속이 있을 때는 조금 자극적인 음식을 먹기도 하는데 그럴 때면 어김없이 배 속에서 현란한 불꽃놀이가 일어납니다. 그렇게 수차례 폭풍 설사를 하면 늦은 오후까지 침대에 쓰러져 있는 경우가 아직도 많습니다.

'내일부터는 절대 공복에 다른 음식은 입에 대지 않는다.' 쓰라린 배를 핫팩으로 찜질하며 비장한 결심을 해보지만 얼마 못 가서 또 다른 유혹에 굴복합니다.

현재 대한민국은 먹방 홍수시대라 할 만큼 공중파, 케이블, 유튜브 등 모든 미디어에 먹방 콘텐츠가 넘쳐나고 있습니다. 제아무리 입맛 없는 사람이라도 〈맛있는 녀석들〉을 보고 있으면 휴대폰을 켜고 배달 어플을 누르지 않을 수가 없죠.

먹방에 전도되어 야식을 시키거나 가스레인지에 물을 올리는 순간, 때는 이미 늦었습니다. 게 눈 감추듯 그릇을 비우고 나서야 "미쳤나 봐, 저번에도 그렇게 개고생하고선…" 이렇게 뒤늦은 현타민 경험할 뿐이죠. 인간은 늘 같은 실수를 반복한다고 했던가요? 이러한 패착이 비단 저의 모습만은 아닐 겁니다. 다이어트를 하는 분들도 동일하게 넘어지는 지점이죠.

살리고 죽이는 식습관

현재 전 세계 국가 원수 중 가장 연장자가 누군지 아시나요?

바로 엘리자베스 2세 영국 여왕입니다. 2021년 기준 한국 나이로 무려 96세인데 여전히 승마를 즐기고 공식행사에 참석하는 등 정정한 모습을 보이고 있습니다. 대체 비결이 뭘까요? 이미 여러 언론에도 소개됐지만 그녀의 장수 비결은 철저한 식습관에 있습니다. 흔히들 영국 여왕이라 하면 끼니마다 상다리가 부러지는 수라상을 받을 것으로 생각하는데 실제로는 그렇지 않습니다.

그녀는 하루 세 끼를 거하게 먹기보다 네 번으로 나누어 가볍게 식사한다고 합니다. 주로 제철 과일이나 생선을 즐겨먹고 식사량도 매번 1인분을 넘기지 않는다고 하네요. 그리고 가장 좋아하는 디저트인 초콜릿 케이크도 당도가 높은 밀크초콜릿이나 화이트초콜릿이 아닌 카카오 함량 60% 이상인 다크초콜릿으로 만든 것만 먹는다고 합니다. 이렇게 철저한 식습관이 100세를 앞둔 고령의 나이에도 현역을 유지하게 하는 특급 비결입니다.

돌아보면 식습관에 크게 신경을 쓰지 않았던 지난 과거가 뼈저리게 후회됩니다. 물론 나름의 사연은 있었습니다. 돌도 씹어먹을 청춘에 먹고 싶은 음식을 제대로 못 먹는 스트레스는 상상 이상으로 컸습니다. 그리고 병 자체가 원인을 알 수 없는 희귀질환이라 철저히 음식을 가려도 하루아침에 수술대에 오르는 경우를 보기도 합니다. 그런 사례들을 접하다 보니 한때는 자포자기하게 되더군요. '먹다 죽은 귀신은 때깔도 좋다던데… 그냥 당기는 거 다 먹고 아픈 게 낫겠다.' 그래서 칼칼한 짬뽕도 국물까지 싹 비우고 햄버거와 감자튀김 그리고 탄산음료까지 종류별로 다 흡입했습니다.

보통사람에게는 아무 문제없는 음식이지만 저와 같이 장이 염증으로 코팅된 환자에게는 치명적입니다. 결국 그렇게 쌓인 잘못된 식습관 때문에 염증수치는 도통 정상으로 내려올 기미가 안 보였습니다. 희귀질환이 참 무서운 게 뭐냐면 한 번 나빠진 상태를 다시 회복하기가 좀처럼 쉽지 않다는 사실입니다. 엎친 데 덮친 격으로 결혼 후에는 주사제까지 내성이 생겨 몸무게는 42kg까지 빠졌고, 샤워를 할 때면 가슴에서 뛰는 심장이 거울에 비칠 정도로 뼈만 앙상하게 남았습니다.

바꿔야 산다

'이제라도 관리를 해야겠다. 더 이상 늦추면 남은 건 수술뿐이다.' 어느 날 깊은 위기감을 느낀 저는 본격적인 식습관 개선에 나섰습니다. 누구는 먹기 위해 산다는데 저는 그날부로 '살기 위해 먹기'로 비장한 결심을 했습니다. 물론 결심만으로 하루아침

에 습관이 바뀌는 게 아니니 당장 실천 가능한 일부터 행동에 옮겼습니다.

먼저 가급적 집밥 위주로 식사를 하고 외식을 할 경우에는 맛보다 국내산 식재료를 쓰는 한식당을 찾았습니다. 그렇다고 매번 저 때문에 한식만을 고집할 수는 없더군요. 아내와 아이의 입호강을 위해 가끔씩 패밀리 레스토랑을 찾는데 그곳에선 거의 집을 게 없었습니다. 왜냐하면 스테이크는 미국산, 바비큐 폭립은 덴마크산, 순살치킨은 브라질산…. 대부분이 수입산 재료

였기 때문이죠.

다음으로 중요한 원칙이 절제입니다. 되도록 저녁 식사 후에는 군것질을 하지 않습니다. 가끔씩 밤늦은 작업 때문에 야식을 먹고 고생하기도 했지만 확실히 위와 장을 비워두면 숙면에도 도움이 되더군요. 또한 장협착이나 소화불량이 발생하면 하루나 이틀 정도 금식을 합니다. 냉동식품과 과자가 보이는 주방을 지나치는 일이 쉽진 않지만 체내에 쌓인 독소와 노폐물을 빼내는 데 금식만 한 방법이 없습니다.

먹방이 대세가 된 지는 꽤 오래되었습니다. 특히 고감도 마이크를 이용해 음식을 만지는 소리, 뜯는 소리, 씹는 소리, 넘기는 소리까지 생생히 전달하는 ASMR 먹방은 은근 중독성이 있습니다. 이렇듯 현대사회는 남이 먹는 음식 소리까지 탐닉하고 있지만 정작 자신의 몸이 내는 소리에는 별로 귀 기울이지 않습니다. 그 경고음을 듣지 못해 폭식, 비만, 섭식장애, 음식중독으로 건강을 잃는 사람들을 보면 참 안타깝습니다. 대먹방의 시대에 건강한 식객으로 살기 원하십니까? 그렇다면 우리의 질문을 조금 바꿔보면 좋겠습니다.

'오늘 뭐 먹지?'에서 '요즘 내가 뭘 먹지?'로.

마음에도 처방전이 필요하다

스마트폰이 신체의 일부가 되어버린 시대, 외출 전에는 언제나 배터리를 완충해둡니다. 어느 날 화면에 떠 있는 100% 충전 알림을 보고 깊은 자기 연민에 빠졌습니다. '나도 저렇게 짱짱한 시절이 있었는데…. 호랑이 기운을 느껴본 지가 언제인지 이젠 기억조차 안 나네.' 제대 이후 정상인의 삶을 상실했으니 건강했던 마지막 기억은 입대 전 스무 살 때가 되겠네요.

지금 생각해 보면 그땐 모든 게 가능했습니다. 이른 오전 수업부터 심야 술자리까지 논스톱으로 달려도 배터리가 남아돌았습니다. 어떤 음식이든 거리낌 없이 먹었고 이별의 아픔을 달래느라 맥주 대신 1.5리터 콜라를 몇 통씩 들이부어도 배탈 따위 없었습니다. 데이트 비용을 마련하려 쉬는 날 공사판에 나가도 그

059

저 하루 푹 자고 일어나면 거뜬하게 회복되었습니다.

하지만 군대에서 패잔병처럼 돌아온 후로는 가능한 것이 없었습니다. 오전에 몇 시간 외출하고 돌아오면 늦은 오후까지 침대에 누워 방전된 배터리를 충전해야 했습니다. 면역력 저하로 사계절 내내 감기에 취약해서 늘 내복을 방패처럼 착용했습니다. 찌는 듯한 폭염에도 얇은 내복을 껴입었으며, 나뭇가지 같은 앙상한 팔목이 부끄러워 몇 년 동안 반팔 옷을 입지 못했습니다.

아산병원 입원실에 올라가면 올림픽대로가 내려다보입니다. 병실이 감옥처럼 느껴질 때는 수액 걸이를 끌고 나와 창문 밖 풍경을 멍 때리며 바라봅니다. '언제쯤 다시 일상으로 돌아갈 수 있을까? 설령 집에 돌아가도 내가 할 수 있는 게 과연 있을까? 지겹도록 반복되는 입원을 어떻게 받아들여야 할까?' 길게 늘어선 퇴근 차량들을 보며 미릿속은 복잡해집니다. 거기에 병원 창문에 비친 몰골은 왜 더 짠해 보이는지….

그 의사의 처방전

병원을 배경으로 한 메디컬 드라마 좋아하시나요? 그간 〈하얀 거탑〉〈골든타임〉〈낭만 닥터 김사부〉 등이 시청자의 많은 사랑을 받았습니다. 저도 병원생활이 친숙해서 그런지 꽤 좋아하는 드라마 장르입니다. 2020년에는 휴먼 메디컬 드라마의 새 역사를 쓴 〈슬기로운 의사생활〉이 방영됐습니다. '응답하라' 시리즈로 유명한 신원호 PD와 이우정 작가의 협업으로 방영 전부터 큰 화제가 되었던 작품이죠.

　〈슬기로운 의사생활〉이 호평을 받았던 이유는 의외로 평범함에 있습니다. 이 드라마에는 외과 과장을 달기 위해 수단과 방법을 가리지 않는 냉혈한 천재 의사, 한때 신의 손이라 불렸지만 현재는 은둔 생활을 즐기는 괴짜 의사 같은 비범한 인물은 나오지 않습니다. 주인공인 다섯 명의 젊은 의사는 주위에서 볼 수 있는 모습으로 등장합니다. 누구에게나 일어날 수 있는 스토리가 전개되고, 그 속에서 주인공들은 따뜻한 인간미를 보여줍니다. 과장되지 않은 이들의 담백한 스토리가 시청자의 공감을 자아냈습니다.

　특별히 기억나는 에피소드가 하나 있어 소개합니다. 어느 날 간담췌외과 교수인 익준(조정석 분)의 진료실에 한 환자가 찾아옵니다. 이전에 간이식 수술을 받았던 이 여성은 수술 후 약을 챙겨먹지 않아 컨디션이 매우 나빠진 상태입니다. 알고 보니 자신에게 간을 제공해준 남편의 외도를 목격하고 그 배신감 때문에 치료를 놓아버린 것입니다. 익준은 여러 차례 그러면 안 된다고 달래보지만 환자의 마음은 좀처럼 돌아서지 않습니다.

결국 익준은 퇴근 후 평상복 차림으로 그녀의 병실을 찾습니다. 그러곤 이렇게 말합니다. "사실 저도 아내가 바람을 피워 이혼했어요. 그간 밤새 병원일 하고 혼자 애 돌보며 열심히 살았거든요. 그 생각을 하니 처음엔 죽겠더라고요. 그런데 어느 날 그렇게 원망하는 시간조차 아깝게 느껴졌어요. 그러니 이제 남편이 아니라 본인을 위해 약 드시고 악착같이 건강 회복하세요." 부족함 없어 보였던 익준의 아픈 고백 앞에 환자는 눈물을 흘리며 약봉지를 열었습니다.

작은 희망이 샘솟다

서울대병원에서 크론병 확진을 받고 내려온 후 한동안 치료를 거부했습니다. 당장 치료 스케줄을 잡아야 했지만 하루아침에 희귀병 환자가 되었다는 사실을 받아들이지 못했던 것이죠. 그러던 중 부모님께서 크론 환우회 사이트를 보시고 제 치료 상담을 위해 광주에 있는 크론병 선배를 만날 수 있도록 약속을 잡아주셨습니다. 행여나 의기소침한 제가 옆길로 샐까 봐 누나가 동행했습니다.

전남대학교 정문 카페에서 기다리는데 앳된 얼굴의 여학생이 들어왔습니다. 자신을 스무 살 대학 새내기라고 소개하는데 한눈에 봐도 또래보다 체구가 작아보였습니다. 알고 보니 이 친구는 중학교 때부터 크론병을 앓았습니다. 청소년기에 병이 발생하면 영양이 충분히 흡수되지 않아 성장 발달에 문제가 생기기도 하죠.

그럼에도 그 친구의 표정과 말투는 무척이나 밝았습니다. 나이는 세 살 어렸지만 어려서부터 투병한 선배여서 그런지 저보다 훨씬 의젓했습니다. 짧은 시간이었지만 당시 저의 고민과 느끼고 있는 불안에 공감해주며 세심하게 마음을 만져주었습니다. 상담을 마치고 집으로 오는 길에 작은 희망이 샘솟는 느낌이 들었습니다. '희귀병 진단이 분명 큰일이지만 그렇다고 하늘이 무너질 일은 아니구나. 저 친구는 일찍부터 고생이 많았음에도 저렇게 야무지게 살고 있으니 나도 정신 차리고 기운을 좀 내봐야겠다.'

투병 연차가 길어지면 사실 몸보다 마음이 아플 때가 더 많습니다. 온몸을 조여오는 고통은 진통제에라도 기댈 수 있지만 마음의 통증은 쉽게 진정되지 않습니다. 그렇기에 사람, 인터넷, 사물 모든 것이 하나로 이어지는 초연결시대에도 가장 필요한 기술은 마음과 마음의 어울림이 아닐까 하고 생각합니다. 상대를 내려다보는 동정이 아닌 진실된 애정과 공감의 시선이 나와 타인을 살리는 최고의 마음 처방전일 것입니다.

그 무엇보다도 네 마음을 지켜라. 여기서부터 생명의 샘이 흘러나온다. 잠언 4:23, 현대인의성경

방탄 멘탈의 비밀

어린 시절 비위가 썩 좋지 않았습니다. 초등학생 때 감기에 걸려 학교에 못 간 날이 있는데 약국에서 지어온 가루약을 먹다 그만 쓰레기통에 구토했던 기억이 나네요. 요즘처럼 딸기향 해열제 같은 혁신적인 제품이 있었으면 참 좋았으련만. 어쨌든 그렇게 나약했던 소년은 투병 17년의 풍파를 겪으며 강인한 캐릭터로 성장했습니다.

처음 병을 진단받고 가장 힘들었던 부분은 쏟아지는 검사입니다. 입원 첫날부터 두꺼운 수액 바늘이 혈관을 반기는데 이게 단번에 들어가면 정말 다행이지만 종종 혈관이 약해지거나 신입 간호사가 배정될 때는 어금니를 꽉 깨물고 주사 세례를 견뎌야 하죠. 물론 지금은 간호사가 실수해도 '괜찮으니 다시 놓아주세요'라고 여유롭게 말할 정도가 되었습니다.

여러 검사 중 소장 조영술이 지금도 잊히지 않습니다. 이 검사는 황산바륨(BaSO4)이라는 조영제를 마시고 방사선으로 소장을 촬영합니다. 얼마나 힘들었는지 그 좁은 검사실이 남산의 고문실처럼 느껴질 정도였습니다. 검사 시간도 최대 4시간이 걸리는데 중간 중간 마셔야 하는 조영제는 정말 혼자 먹기 아까운 맛입니다. 페인트 같은 걸쭉한 흰색 액체인데 그 불쾌한 식감과 정신을 혼미케 하는 역겨움은 '주여 나를 이곳에서 구하소서!'라는 간절한 회개를 불러일으켰습니다.

약물 부작용도 만만치 않았습니다. 크론병 환우들은 증세가 심해지면 MTX(메토트랙사트)라는 약을 복용하는데 이는 항암제의 일종으로 백혈병, 유방암, 폐암, 림프종에도 쓰입니다. 중증에 효과가 있지만 상기간 복용 시 구토, 탈모, 식욕부진, 전신 무기력감 등의 부작용이 나타납니다. 저 역시 일상생활이 불가능할 정도로 부작용이 와서 상당 기간 고생했던 기억이 나네요.

나를 단련시켜준 사람들

남들에게는 입원이 특별한 이벤트지만 저와 같은 희귀난치성 환자에게는 연례행사와도 같습니다. 휴대폰 메모장에는 세면도구, 수건, 슬리퍼, 머그컵, 소음 방지 귀마개 등 언제든 짐을 꾸릴 수 있도록 입원 준비물이 기록되어 있습니다. 처음엔 병원생활에 적응하는 일이 매우 힘들었습니다. 병원생활의 질을 결정짓는 것은 메이저 대형병원인지, 국내 최고 명의가 있는지도 중요하지만 그보다 어떤 병실 메이트를 만나느냐에 달려 있습니다.

투병 초기 2인실을 쓸 때의 일입니다. 옆자리에 치매를 앓고 있는 할아버지가 계셨는데 분명 낮에 뵀을 때는 생각보다 점잖으셨습니다. 그런데 해가 떨어지니 예상치 못한 난동이 벌어졌습니다. 할아버지는 별다른 이상이 없는데도 수액 걸이를 세차게 끌며 밤새 병실을 들락날락했습니다. 게다가 보호자인 할머니는 '내가 제명에 못 산다'며 할아버지를 뜯어말리느라 밤잠을 이루지 못했던 기억이 납니다.

다인실의 상황도 별반 다르지 않았습니다. 아니, 사실 더하지요. 늦은 밤까지 트로트 프로그램을 틀어놓는 아저씨, 한파의 추위에도 자기는 덥다며 병실 창문을 활짝 열어놓는 아저씨, 애먼 간호사에게 버럭버럭 온갖 신경질을 내는 아저씨, 끝으로 좌, 우, 앞 침상에서 터지는 서라운드 코골이 폭격까지 경험하면 '이거 뭐 병을 고치기는커녕 더 얻어가겠네⋯'라는 깊은 회의가 몰려옵니다.

올림픽이 열릴 때마다 우리나라 국민의 많은 관심을 받는 종목이 양궁입니다. 특히 여자 단체 양궁은 올림픽 9연패를 달성할 만큼 독보적인 실력을 자랑합니다. 이처럼 '세계 절대강자'라는 타이틀 뒤에는 한국 대표팀만의 남다른 훈련이 있습니다. 선수들은 비가 쏟아지고 소음이 넘쳐나는 야구장에서 활시위를 당겼고, 해병대 캠프와 한밤중 공동묘지 훈련까지 거쳤다고 합니다.

"심리는 근육과 같다." 스포츠심리학 권위자인 인하대학교 김병준 교수의 지론입니다. 다시 말해 '멘탈도 훈련으로 단련시킬 수 있다'는 말입니다. 그는 김연아, 손흥민, 류현진과 같은 선수들은 기량뿐 아니라 멘탈에서도 세계 최정상급이라고 평가합니다. 경기 보셨죠? 그들은 위기나 극한의 상황에서도 평정심을 유지합니다. 이렇듯 멘탈 훈련은 신체 훈련만큼이나 중요한 요소입니다.

"당신은 참 멘탈이 강한 사람인 것 같아요. 매일 컨디션이 마음처럼 안 따라주고 때론 시한폭탄을 안고 사는 기분일 텐데도 묵묵히 자기의 길을 가는 모습을 보면 참 대단해요."

어느 날 아내가 건넨 말입니다. 물론 지금도 종종 하루하루가 살얼음판을 걷는 느낌입니다. 그럼에도 결핍으로 얼룩진 지난 시간들을 돌아보면 주님께서 훈련의 도구로 사용하신 것 같습니다.

　나의 한계를 절실히 느꼈기에 존재의 의미를 더 추구할 수 있었습니다. 남보다 현저히 달리는 체력 때문에 손에 닿는 작은 일부터 집중했습니다. 홀로 갇힌 고통의 감옥에서 수없이 몸부림쳐봤기에 지극히 평범한 일상이 축복 그 자체임을 고백하게 되었습니다. 이렇듯 유리와 같던 저의 멘탈은 최고의 트레이너이신

하나님을 만나 어느덧 쉽게 뚫리지 않는 방탄 멘탈로 거듭났습니다.

우리가 안고 있는 결핍이 클수록 주님의 계획은 원대하십니다. 가벼운 아령으로는 탄탄한 근육을 키울 수 없다는 사실을 기억하세요.

실패의 축배를 들다

"혹시 개그맨 할 생각 있으면 연락 주세요."

고등학교 시절 행사 MC에게 명함을 받았던 기억이 납니다. 학교 행사 때문에 외부 MC가 왔는데 무대에서 뽐낸 저의 입담을 꽤 인상적으로 봤나 봅니다. 그 명함을 받은 순간부터 개그맨의 꿈을 구체적으로 품기 시작했습니다. 2004년 군 입대를 한 달 앞두고 대망의 KBS 공채 개그맨 시험에 도전했으나 결과는 아쉽게도 낙방이었습니다.

"첫 시험은 워낙 긴장을 해서 준비해 간 콩트도 제대로 못할 거예요. 그냥 무대 경험 정도 쌓는다 생각하면 좋을 거예요."

인터넷 카페에 있던 개그맨 지망생 선배들의 조언이 맞더군요. 생각보다 실패의 아쉬움은 없었습니다. 전역 후 대학로에 상경해

차곡차곡 내공을 쌓으며 본격적으로 시험을 준비할 계획이었으니까요. 하지만 전역 후에 모든 계획은 물거품이 되고 맙니다. 날벼락 같은 크론병과 함께 개그맨의 꿈마저 안드로메다로 날아갔으니까요.

"원인을 알 수 없고 평생 약을 복용하며 수술과 부작용을 감당해야 합니다."

처음 의사의 소견을 들었을 때는 사지가 족쇄에 묶인 듯했습니다. 멘붕인 상태로 환우회 카페에 들어가 보니 절망의 늪에서 허우적대는 사람은 저뿐만이 아니었습니다. '인생에 낙이 없네요.' '자꾸 회의감이 듭니다.' '모든 게 두렵고 어떻게 살아가야 할지 모르겠어요.' 게시글을 하나하나 읽어보니 모두가 위태로운 외줄을 타고 있었습니다.

일찍부터 입시 스트레스 때문에 내학 신학을 포기한 친구, 버거운 학사 일정과 잦은 휴학으로 졸업이 가능할지 고민하는 친구, 어렵게 들어간 회사에 적응하지 못해 결국 사직서를 써야 했던 친구. '남들은 그리 어렵지 않게 졸업하고 취업도 해서 다들 잘 사는 것 같은데 왜 나에게는 한 계단 한 계단이 이리도 가혹한지….' 그간 차곡차곡 누적됐던 실패 마일리지는 원치 않는 서비스인 특급 좌절까지 안겨줍니다.

실패의 날을 아시나요?

핀란드에서는 매년 10월 13일에 매우 특별한 행사가 열립니다. 이름하여 'Day for Failure' 우리말로 '실패의 날'입니다. 이날은 학생, 대학교수, 벤처 창업가들이 모여 자신의 실패담을 나누는데 핀란드 국민의 1/4이 지켜볼 정도로 관심이 큰 국가적 행사입니다. 그렇다면 이들은 대체 무슨 이유로 성공이 아닌 실패를 기념하게 되었을까요? 그 배경에는 핀란드를 충격과 공포에 빠뜨렸던 '노키아 쇼크'가 있습니다.

과거 노키아는 현재 애플처럼 휴대폰 사업의 상징과 같은 기업이었습니다. 실제로 1998년부터 2000년대까지 모토로라를 제치고 휴대폰 세계 점유율 1위의 왕좌를 거머쥐었죠. 하지만 2010년대에 들어서 안일한 마케팅과 뒤처진 트렌드로 급격히 몰락의 길을 걷게 됩니다. 당시 노키아는 핀란드 국내총생산(GDP)의 24%를 점유할 정도로 매우 큰 비중을 차지했습니다. 그렇기에 노키아의 몰락은 대량 해고와 실직 사태 등을 야기하며 핀란드에 국가적 경제 위기를 불러왔습니다.

이후 핀란드는 벤처 창업 같은 새로운 도전으로 돌파구를 찾고자 했지만 노키아의 악몽이 계속 발목을 잡았습니다. 이때 핀란드 헬싱키 알토대학의 기업가정신 커뮤니티인 알토스에서 실패를 용인하는 문화를 퍼뜨리기 위해 실패의 날을 제정합니다. 초기에는 별다른 효력이 없었습니다. 하지만 실패를 격려하고 포용하는 사회적 분위기에서 다시금 모험과 도전을 두려워하지 않는 기업가정신이 싹트기 시작했습니다.

핀란드의 한 게임회사는 51개의 게임을 만들었지만 모두 실패했습니다. 하지만 파산 직전에 나온 52번째 작품이 세계적으로 대박을 터뜨리는데 그 게임이 바로 〈앵그리버드〉입니다. 또 다른 스타트업에서는 실패한 프로젝트를 축하하는 샴페인까지 터뜨리는데요. 그 회사가 바로 글로벌 히트 게임 〈클래시 오브 클랜〉, 〈브롤스타즈〉를 만든 슈퍼셀입니다. 이처럼 핀란드는 실패의 날 캠페인을 통해 노키아 쇼크를 완전히 극복하고 세계 3대 창업 국가로 도약하게 됩니다.

편애의 조건

'지원자의 삶에서 겪었던 가장 큰 실패는 무엇인가요? 그 경험을 통해 무엇을 배울 수 있었나요?'(500자 내외로 서술하시오.)

아내가 취업 서류를 작성할 때 자주 나왔던 질문입니다. 실제로 이 질문은 네이버와 삼성전자, 구글과 애플 같은 대기업에서

필수로 묻는 공통 질문이라고 하네요. 실패 경험을 묻는 이유는 뭘까요? 앞으로 실무에서 만나게 될 문제 상황에서 해결 능력과 위기관리 능력을 평가하기 위함입니다.

누구나 반복되는 실패를 경험하다 보면 자존감이 바닥을 칩니다. 주위에서 괜찮다는 말은 건네지만 사실 전혀 괜찮지 않죠. 그뿐만 아니라 더 이상 새로운 시도조차 하기 싫어집니다. 그래야 또 실패하지 않을 테니까요. 저에게도 이런 시기가 여러 번 있었습니다. '이불 밖은 위험해!'라고 외치며 어떤 일에 실패할 수밖에 없는 이유를 수만 가지 댔었죠.

하지만 시간이 흐른 뒤 지나온 실패들을 곰곰이 묵상해보니 그 자리가 달리 보이기 시작했습니다. 실패는 부정적이고 내 삶의 마이너스라고만 생각했는데 그게 전부가 아니었습니다. 넘어지고 깨지며 찢긴 상흔들은 나만의 고유한 자산으로 축적되어 있었고 때론 성장 동력이 되기도 했습니다. 특별히 목회자의 주요 자질인 실패와 아픔의 자리에 있는 사람들 곁에 가까이 다가설 수 있는 공감 능력을 키워주었습니다.

"옛날에 토끼와 거북이가 달리기 시합을 했답니다."
웅변대회를 앞둔 채린이가 몇 주째 맹연습을 하고 있습니다. 단상에 올라 원하던 트로피를 받으면 좋겠지만 입상에 실패해도 괜찮습니다. '실패는 성공의 어머니'라는 진부한 위로보다 실패를 축하하는 초콜릿 케이크를 준비할 계획이니까요.

우리 사회는 유독 실패에 관대하지 않습니다. 패자부활전은 TV 속 오디션 프로그램에나 존재할 뿐 현실은 냉혹하지요. 이러한 승자 독식 사회에서 놀랍게도 예수님은 연약하고 실패한 자

리에 있는 사람들을 편애하십니다. 상한 갈대를 꺾지 않으며 꺼져가는 등불을 끄지 않는 그분의 인자한 손길이 있기에 실패 박람회 같던 우리네 인생도 다시 일어설 수 있습니다.

2장

—

결핍에서 사랑을 배우다

수치심 내려놓기

크론병은 관해기와 활동기 이렇게 두 기간이 번갈아가며 나타
납니다. 먼저 관해기는 증상이 다소 완화되는 시기입니다. 자극
적인 음식을 제외하고는 일반 식사가 가능하며 정상에 가까운
생활을 할 수 있습니다. 반면 활동기는 증상이 크게 악화되는 시
기입니다. 이때는 누룽지나 죽 같은 부드러운 음식조차 몸에서
받지 않습니다. 염증수치가 급격히 올라 복부를 쥐어짜는 통증,
출혈이 일상화되며 다시 수술대에 오르는 경우도 많습니다.

2014년 아내와 달달한 연애를 즐기던 시절부터 컨디션이 활
동기에 접어들었고 결혼 후 증세가 더욱 심해졌습니다. 크론병
환자들은 특히 배변에 어려움을 겪습니다. 소장과 대장뿐 아니
라 항문까지 염증이 침범하기에 치루와 같은 항문 관련 질환은

늘 따라다니는 합병증입니다. 문제는 여러 차례 항문 수술을 받다 보면 괄약근에 손상이 생겨 변의가 오면 정상인과 달리 잘 참지 못하게 된다는 점입니다.

그래서 일반인은 하지 않는 실수를 자주 합니다. 외출 시 화장실을 찾지 못해 그만 실례를 하는 것이죠. 결혼 후 이러한 실수가 나날이 잦아졌습니다. 이럴 때는 그야말로 멘탈이 산산조각 납니다. 냄새 때문에 차마 택시는 잡지 못하고 사람이 없는 버스를 타고서야 겨우 집에 돌아옵니다. 욕실에서 엉망이 된 잔해를 처리할 때면 깊은 한숨과 자괴감이 몰려옵니다. 물론 내 몸이 일반인과 다른 상태임은 인식하지만 그럼에도 착잡한 마음은 쉽게 가라앉지 않습니다.

어느 날 아내가 조심스럽게 묻습니다.

"여보, 부끄럽게 생각하시 말고 외출할 때는 기저귀를 사용하면 어때요?"

그 말을 듣는데 자존심이 확 상했습니다. 분명 아내는 저를 배려해서 꺼낸 말인데 순간 수치심이 들어 나도 모르게 신경질을 내며 말했습니다.

"여보, 나 이제 겨우 30대야. 그리고 충분히 관리할 수 있으니까 앞으로 다시는 그런 이야기 꺼내지 마요."

솔직히 볼 거 안 볼 거 다 본 부부 사이라지만 기저귀를 착용하는 모습까지는 정말 아내에게 보이기 싫었습니다. 그 후로 아내는 그 이야기를 꺼내지 않았습니다.

여보 기저귀 좀 주문해주세요

2017년 1월 19일 오후 4시 21분. 그날의 분만실 앞 광경을 저는 평생 잊지 못할 겁니다. 사랑하는 아내의 미소를 꼭 닮은 채 린이가 경쾌한 울음을 터뜨리며 세상에 나온 것이죠. 예정보다 한 달 이른 미숙아로 태어났지만 지금은 저보다 뛰어난 먹성을 자랑합니다. 꽃내음 풍기는 다음 해 봄, 아이는 직립보행이 가능해졌고 아내는 직장으로 복귀했습니다.

"아버지 이제야 깨달아요. 어찌 그렇게 사셨나요."

아이가 태어나니 가수 싸이의 노래가 가슴에 와닿기 시작했습니다. 난생처음 경험하는 아빠의 역할은 솔직히 남들보다 버거웠지만 그럼에도 비교할 수 없는 환희가 더 컸습니다. 어느덧 아이가 걷기 시작하니 집 밖의 세상을 함께 탐험해야 할 시기가 되었습니다. 그런데 외출을 꺼리는 저의 상황이 계속 발목을 잡았습니다. 당시엔 10분 거리 마트도 속을 완전히 비워낸 공복 상태가 아니면 나서지 않았습니다.

'디즈니랜드도 아니고 겨우 집 앞 놀이터도 데려가지 못하는 내가 과연 아버지 노릇을 할 수 있을까?' 이 문제 때문에 끙끙 앓던 어느 날 문득 신혼 초에 아내가 했던 말이 떠올랐습니다.

"여보, 기저귀를 사용하면 어때요?"

분명 예전에 들었을 때는 자존심 상하고 얼굴이 벌겋게 달아오를 정도로 수치심이 들었던 말인데 이상합니다. 이제는 그런 부끄러운 감정이 단 1%도 들지 않았습니다.

좁은 거실에 갇혀 쓸쓸히 놀고 있는 아이를 보니 이런 생각이 들더군요. '그래, 내 심장도 내줄 수 있는 녀석인데 그깟 기저귀가 무슨 대수라고… 그보다 더한 것도 할 수 있지.' 즉시 휴대폰을 열어 자판을 당당히 두드리며 아내에게 카톡을 남겼습니다.

'여보, 예전에 말했던 기저귀 그거 당장 주문해줘요!'

다시 내려놓음

2006년 출간된 《내려놓음》(규장)은 당시 기독교계에 큰 반향을 일으켰습니다. 기억나시나요? 이후 후속작인 《더 내려놓음》(규장, 2007)까지 100만 부가 넘게 팔렸으니 초베스트셀러였죠. 구체적으로 무엇이 독자들에게 그토록 큰 울림을 주었을까요? 아무래도 저자 이용규 선교사님이 걸어온 스토리에 있겠죠. 하버드대학원 박사라는 타이틀을 뒤로 하고 척박한 몽골 땅으로 뛰어든 그의 결단이 많은 이들로 하여금 제자도를 고민하게 만들었습니다.

이후 '내려놓음'은 교회 안에서 하나의 현상이 되기도 했습니다. 저도 청년부 사역 시절에 이용규 선교사님을 모시고 말씀을 들었던 기억이 나네요. 그러나 엄밀히 말해, 내려놓음은 결코 유행으로 소비될 성질의 것이 아닙니다. 내려놓음은 모든 그리스도인이 따라야 할 제자도의 본질이기 때문입니다. "저는 이룬 게 없어서 내려놓을 것도 없는데요?" 가끔 이런 질문을 하시는 분이 있는데, 내려놓음을 오해했기 때문에 나온 질문입니다. 내려놓음이 꼭 거창해야 할 필요는 없습니다.

굳이 In서울 대학이 아니더라도, 있어 보이는 사원증이 목에 걸려 있지 않더라도 내려놓음은 얼마든지 가능합니다. 우리의 시선을 겉으로 보이는 스펙이 아닌 내면에 집중해 보면 어떨까요? 물론 나의 결핍과 아픔, 상처로 인한 짙은 그늘이 더 크게 보일 수 있습니다. 그로 인해 더 초라하게 느껴질 수도 있겠죠. 하지만 이런 연약함 또한 내면의 성장을 위해 필히 내려놓아야 할 영역입니다.

진정한 사랑 앞에서는 수치와 부끄러움이 없습니다. 망설임 없

이 손을 잡아주고 조건 없이 내어줄 수 있습니다. 하늘 아버지의 사랑은 독생자를 내어주신 사랑입니다. 여전히 우리를 움츠러들게 만드는 영역이 있지만 그 사랑을 기억할 때 내려놓음은 어렵지 않습니다. 퇴근길 아버지의 손에 들린 통닭처럼 오늘도 하나님은 당신을 향한 선물 꾸러미를 준비해두고 계십니다.

자기 아들을 아끼지 않으시고, 우리 모두를 위하여 내주신 분이, 어찌 그 아들과 함께 모든 것을 우리에게 선물로 거저 주지 않으시겠습니까? 로마서 8:32, 새번역

죽지 않는 개그감

god, 비, 원더걸스, 트와이스, ITZY. 이들은 모두 JYP 대표 프로듀서 박진영의 손길을 거쳐 탄생한 스타들입니다. 저 또한 박진영 씨에게 큰 빚을 지고 있는 한 사람입니다. 1997년 중학교 1학년 때 일입니다. 어느 날 수업을 마치고 청소를 일찍 끝내니 종례까지 꽤 시간이 남았습니다.

담임선생님은 대기 시간이 지루했는지 잠깐의 장기자랑 시간을 열었습니다. 하지만 선뜻 나서는 사람 없이 모두가 서로의 눈만 멀뚱멀뚱 쳐다보고 있었죠. 돌아보면 그때 무슨 용기가 생겨서인지 손을 번쩍 들고 책상 위로 당당히 올라섰습니다. 이어서 무반주로 박진영의 '그녀는 예뻤다'를 열창하며 디스코 리듬에 온몸을 맡겼습니다.

얼마나 몰입했는지 친구들의 시선이 온통 저에게 쏠린지도 몰랐습니다. 반응은 어땠을까요? 아이돌 가수 부럽지 않은 박수와 환호가 쏟아졌습니다. 특히나 담임선생님께서 '어라, 이 녀석 보소?'라는 흐뭇한 눈빛으로 마치 숨겨진 원석을 발견한 듯 극찬을 아끼지 않으셨습니다. 그때 알았습니다. 친구들에게 웃음을 주고 박수를 받는 그 자리가 나의 무대라는 것을.

죽지 않은 대통령의 유머

1981년 3월, 미국 로널드 레이건 대통령은 한 호텔 앞에서 괴한에게 총격을 당합니다. 현장에서 체포된 존 힝클리가 범행 이유를 밝혔는데 그 이유가 황당합니다.

"영화배우 조디 포스터의 관심을 끌기 위해 범행을 시도했다."

이후 그는 정신질환을 앓았던 이력과 대통령이 무사하다는 점이 정상 참작되어 교도소가 아닌 정신병원으로 이송됩니다.

레이건 대통령은 생명에는 지장이 없었으나 가슴과 팔에 큰 부상을 입은 상태였습니다. 피격 직후 신속하게 병원으로 이송됐고 이후 삼엄한 분위기 속에 치료가 이어졌습니다. 대기하던 간호사가 지혈을 위해 레이건의 몸에 손대었을 때 그는 이런 말을 합니다.

"우리 부인에게 허락을 받았나?" 심각한 상황에서 이런 유머를 내뱉을 수 있는 여유, 이게 바로 삶의 내공이 아닐까요?

얼마 후 영부인이 병원에 도착하자 이번에도 레이건은 유머로 그녀를 안심시켰습니다. "여보, 미안하오. 총알이 날아왔을 때 드라마에서처럼 납작 엎드리는 걸 깜빡 잊었어." 인기배우 출신 대통령답게 그는 절체절명의 순간에도 항상 품위 있는 유머를 잊지 않았습니다.

영국 역사상 가장 존경받는 정치가인 윈스턴 처칠도 뛰어난 유머 감각을 자랑했습니다. 엄숙하고 근엄한 우리나라와는 달리 서구권 국가에서는 유머가 정치인의 중요한 자질 중 하나라고 합니다. 실제로 한 논문에서는 유머의 위력을 이렇게 설명합니다. "유머 감각의 유무는 단순한 위트를 넘어 정치노선, 즉 독재 제제나 민주주의 체세와 꽈련이 있나"

가장 비극적인 순간에도 웃음은 존재한다

올해로 17년째 크론병과 아찔한 동거 중입니다. 그 세월을 돌아보면 솔직히 웃을 일보다 그렇지 않은 시간이 더 많았습니다. 푸짐한 밥상을 앞에 두고도 수저를 들 수 없는 소화불량과 복통, 양 수천 마리를 세어도 잠들지 못하는 불면증이 계속되면 정말 미치고 환장할 노릇입니다. 그럼에도 그 시간을 버틸 수 있었던 원동력은 유머에 있었습니다. 어느 책에서 그러더군요. 자존감이 높은 사람들은 불안과 아픔 중에도 성숙한 방어기제인 유머를 사용한다고.

목사 안수를 받았어도 다행히 희극인의 피는 어디 가지 않더군요. 물론 공적인 자리에서는 목사 체면이 있으니 절제하지만 집에서 가족들에게는 무제한 유머를 공짜로 제공합니다. 남편의 신들린 드립에 눈물 나게 웃는 아내를 볼 때면 '나 아직 죽지 않았구나'라는 회심의 미소가 지어집니다. 하나뿐인 딸을 위해서는 지금도 각종 성대모사를 연구 개발 중에 있습니다. 상황에 따라 올라프, 크리스토프, 후크 선장을 연기하며 아이와 함께 디즈니 만화영화를 찍습니다.

최근에 배꼽 빠지게 웃었던 적이 언제인가요? 인간에게 유머는 인생을 사는 데 있어 결코 취향의 문제가 아닙니다. SK-II 화장품을 쓰지 못해 얼굴이 푸석하고 필라테스 회원권을 끊지 못해 생기가 없는 게 아닙니다. 웃음이 주는 여유를 잃었기에 얼굴에 그늘이 생긴 것이죠.

영국 역사가 토머스 칼라일이 말했습니다. "진리는 항상 웃음을 동반한다. 진정한 유머는 머리에서 나오는 것이 아니라 마음에서 나온다." 가끔 "웃을 일이 있어야 웃을 거 아니냐?"라며 쓰라린 현실을 토로하는 분을 만납니다. 틀린 말은 아니지만 그 진흙탕 속에서도 얼마든지 웃을 일은 존재합니다. 어느 철학자의 말처럼 가장 비극적인 순간에도 웃음은 존재하니까요. 그럼 저는 이만 시크릿 쥬쥬 성대모사 연습하러 가야겠습니다.

그대 때문에 사랑을 믿어요

- - - - - - - - - - - - - - - - - - -

김은숙, 김은희, 박지은. 이들은 현재 K-드라마계를 이끄는 스타 작가 3인방입니다. 그중 로맨틱 코미디만큼은 김은숙 작가의 위치가 여전히 독보적입니다. 〈파리의 연인〉〈시크릿 가든〉〈태양의 후예〉까지 그녀가 쓴 작품들은 하나같이 초대박을 터뜨렸습니다. "이 안에 너 있다." "길라임 씨는 몇 살 때부터 그렇게 이뻤나?" "나 너 좋아하냐?" 등 여심을 저격하는 명대사로 20~30대 여성의 전폭적인 지지를 받았죠.

아내와 썸을 타고 교제를 하면서 저도 드라마의 영향을 받아 주옥 같은 멘트들을 날렸답니다. 아내와 저는 교회 청년부에서 만났습니다. 2014년 건강 문제로 전도사 사역을 잠시 내려놓고 집 근처에 있는 교회에 등록했습니다. 그때 새가족 교육 과정에서 아내를 처음 만났고 이후에는 가벼운 인사와 근황 정도만 나누던 사이였습니다. 몇 개월 후 조금 더 대화를 해보고 싶은 생각에 티타임을 신청했습니다. 아내는 데이트 신청도 아닌데 딱 잘라내기 무안해서 가벼운 마음으로 수락했다고 합니다.

'함께 청년부 리더 사역을 하고 있으니 그냥 친해지고 싶은가 보구나.' 뭐 이 정도로만 생각한 것이죠. 카페로 이동해 주문한 코코아 두 잔을 받아들고 자리에 앉았습니다. 묘한 기운이 감도는 사이 저는 아내의 눈을 바라보며 드라마에서나 볼 법한 멘트를 날렸습니다.

"제가 관심 있는 거 알고 있죠?"

아내는 전혀 예상치 못한 직구에 어찌 대답해야 할지 몰라 당황해했습니다. 지금도 그 장면을 떠올리면 순수했던 모습이 어찌나 귀여웠는지 모릅니다.

다음날 저녁 전화를 걸어 젠틀하게 만남을 제안했습니다.

"우리 조금 더 알아가는 시간을 가져보면 어떨까요?"

"아직 거기까지 생각해 보지는 않았는데요."

"저에 대해서 아세요?"

"네?"

"오해는 하지 않았으면 좋겠어요. 저는 재인 자매와 밥도 먹고 커피도 마시면서 우선 많은 대화를 나눠보고 싶어요. Yes든 No

든 그 이후의 일은 그때 다시 생각해 보고요."

능구렁이 담 넘어가는 멘트에 아내는 결국 승낙을 했습니다. 나중에 들어보니 분명 어디가 아프다고 들었는데 그와 상관없이 자신감 넘치는 모습에 호기심과 끌림이 생겼다네요.

그만 만났으면 좋겠어요

그날 이후부터 본격적인 데이트가 시작됐습니다. 로제 파스타가 일품인 이탈리아 식당과 전망까지 맛집인 카페 그리고 회사로 데려다주는 차 안에서 꿀 떨어지는 대화가 이어졌습니다. 그렇게 몇 주간 나눈 대화의 깊이만큼 서로의 거리도 급속도로 가까워졌습니다. 그런데 어느 날 할 말이 있다며 차에서 내리려던 저를 멈춰 세웁니다. 이어서 적막해진 분위기 속에서 아내가 꺼낸 이야기는 전혀 예상치 못한 말이었습니다.

"우리 이제 그만 만났으면 좋겠어요."

그 짧은 순간 머릿속에 여러 생각이 스칩니다. '분명 어제까지만 해도 분위기가 좋았는데 갑자기 이게 무슨 말이지? 혹시 내가 뭘 크게 실수했나?' 도통 떠오르지 않는데 아내가 말을 이어갑니다. 요지는 '어머니께서 배우자로 평범한 직장인을 원하시는

데 목회자 후보생이라는 사실과 희귀질환까지 있다는 걸 알면 많이 반대하실 것 같다. 집안에서 홀로 신앙생활을 하기 때문에 그 반대를 감당할 자신이 없다. 그래서 감정이 더 깊어지기 전에 정리하는 게 좋을 것 같다'는 것이었습니다.

말을 듣고 보니 상당히 고민한 흔적이 느껴졌습니다. 그래서 어떤 말도 꺼낼 수가 없었습니다. 그저 오늘은 밤이 늦었으니 다음에 다시 이야기하자며 집으로 들여보냈습니다. 착잡한 심정으로 집에 돌아와 침대맡에 앉았는데 그동안 좋았던 기억이 모두 증발되는 것 같았습니다. 그리고 회복되었다고 생각했던 거절의 상처가 다시 욱신거리기 시작했습니다.

며칠 후 전화를 걸어 "그래도 얼굴은 보고 마무리해야 하지 않겠냐"고 말했습니다. 그렇게 처음 만났던 카페로 향하며 남자답게 마지막까시 좋은 기억만 남기고 싶었습니다. 혹시나 얼굴을 보면 마음이 흔들릴까 차마 못다 한 이야기는 편지에 담아 전했습니다. 여기에 그중 일부를 옮겨봅니다.

당신이 느꼈을 어려움과 고민을 저도 충분히 이해한답니다. 그래서 그 결정을 100% 존중하기로 했어요. 다만 이런 생각을 해봤어요. 만약 나에게 핸디캡이 없었다면 난 당신을 붙잡고 또 붙잡았을 거라는 생각이요. 하지만 현실은 그러한 바람 아니 욕심이 서로에게 부담만 가중시킨다는 걸 알기에 여기서 웃으며 보내려고 해요.
짧게 쓰려고 했는데 아무래도 당신을 많이 좋아해서인지 글이 길어
졌네요. 짧은 만남의 시간 그리고 몇 개월 동안 마음에 품었던 시간
까지 당신으로 인해 참 설레고 행복했습니다.

다시 걸려온 전화

관계를 정리하고 나면 가볍지 않은 열병을 앓을 거라 생각했는데 의외로 마음이 덤덤했습니다. 왜 그런가 생각해 보니 부족함 없이 마음을 전했고, 보여줬고, 쏟았기 때문이었습니다. 어떠한 후회도 미련도 남지 않았습니다. 이제 나머지는 그저 시간이 해결해 주리라 믿었습니다. 그런데 어느 저녁 익숙한 번호로 전화가 걸려왔습니다. 호흡을 가다듬고 전화를 받았는데 다짜고짜 화부터 내더군요.

"여보, 그때 왜 그랬어요?"
나중에 물어보니 아내가 그러더군요.
"집으로 돌아와 ㅣ 편지를 읽는데 마음이 더 복잡해졌어요. 회사에서도 일이 손에 안 잡혔고요. 무엇보다 당신은 내게 마음을 열고 솔직하게 다가왔는데 나는 그렇지 못했다는 사실에 너무 화가 났어요."
어쨌든 그 통화를 계기로 저희는 정식으로 교제를 시작했고, 만난 지 367일째 되는 날 부부의 연을 맺었습니다.
빅토르 위고의《레 미제라블》에 이런 대사가 나옵니다.

To love another person is to see the face of God.

타인을 사랑하는 것은 하나님의 얼굴을 대면하는 것이다.

바꿔 말하면 사랑을 통해 구원이 실현된다는 말입니다. 제가 가진 결핍은 분명 치명적인 핸디캡이지만 그것이 아내에게는 남다름이 되었습니다. 잠언 10장 12절 말씀처럼 정말 사랑은 모든 허물을 덮어주더군요. 현실의 조건들 때문에 3포, 5포, 7포 세대를 말하는 시대임에도 저는 여전히 사랑이 구원이라 믿습니다.

나의 멘토를 소개합니다

한때 대한민국을 휩쓸었던 '멘토 열풍' 기억하시나요? 멘토란 현명하고 신뢰할 수 있는 상담자, 지도자, 스승을 의미하죠. 지난 2011년은 비싼 대학 등록금 문제, 카이스트 학생들의 잇따른 자살을 계기로 그동안 억눌렸던 청년들의 울분이 하늘을 찔렀던 해였습니다. 그리고 이때 청년들에게 비전과 희망을 제시하고자 열린 청춘콘서트는 전국 25개 도시에서 큰 호응을 얻었습니다.

당시 안철수 서울대 융합과학기술대학원장, 박경철 안동 신세계연합클리닉 원장이 강연자로 나섰으며 방송인 김제동 씨, 법륜 스님 등 다양한 분야의 인사가 게스트로 참여했습니다. 또한 이 시기에 출간된 서울대 김난도 교수의 《아프니까 청춘이다》(쌤앤파커스, 2010)는 한국 출판 사상 최단기 밀리언셀러를 기록하며 그야말로 센세이션을 일으켰습니다.

중앙대학교 사회학과 주은주 교수는 과거의 멘토 열풍을 이렇게 진단했습니다. "모든 사람을 개별화시키고 서로를 경쟁 상대로 만드는 신자유주의 시대에 어른에 대한 동경, 향수, 갈구가 멘토라는 판타지 형태로 형상화된 것이다."

지금도 변함없이 청년들은 입시부터 취업까지 헬조선이라 불리는 무한 경쟁 시스템에 지쳐 있습니다. 결국 이러한 불안심리를 잠재우기 위해 권위 있는 누군가를 의지하고 싶은 마음이 간절해진 것이죠.

시간이 흐르자 일각에서는 "위로는 청춘의 답이 아니다." "아프면 환자지 무슨 청춘이냐?" "언제까지 청춘들의 주머니를 털 셈인가?" 등 본질을 잃고 상업화된 멘토 문화에 비판의 목소리를 내기 시작했습니다. 한 유명인사는 주요 일간지에 '멘토는 없다'라는 칼럼을 실으며 멘토 무용론을 제기하기도 했습니다. 이런 비판의 목소리에도 불구하고 저는 멘토를 찾았고, 그들에게 큰 도움을 얻었습니다. 이제 그 이야기를 해보겠습니다.

멘토를 찾아서

2016년 여름 우연히 한 독서클럽에 들어갔습니다. 모임 이름은 '남수다'. 처음에는 단순히 책을 좋아하는 남성들의 모임이라 '남자들의 수다'였습니다. 하지만 저자 초청회 때 모신 강남순 교수님(미국 텍사스 크리스천 대학교)의 성인지 감수성에 대한 지적으로 이후 '남쪽 사람들의 수다'로 개명합니다. 남수다는 제게 하나의 독서클럽을 넘어 학습 공동체, 우정 공동체, 멘토링 공동체 즉 멀티 커뮤니티의 역할을 하고 있습니다.

먼저 학습 공동체입니다. 매달 돌아가며 책 한 권을 선정하여 함께 읽습니다. 멤버 전원이 현직 목회자이지만 굳이 딱딱한 신학서적만 고집하지 않습니다. 역사, 철학, 에세이, 뇌과학, 페미니즘 등 비록 다 소화하지는 못해도 폭넓은 스펙트럼을 자랑합니다. 어떤 모임은 책을 안 읽고 오면 벌금을 물린다고 하는데 저희는 상관이 없습니다. 못 읽은 경우에는 그저 다른 이의 말을 경청하면 됩니다. 자신이 얻은 인사이트를 소개하는 일도 중요하지만 그보다 나와 다른 다섯 개의 시선에서 언제나 배움을 얻습니다.

다음은 우정 공동체입니다. 고단한 목회 현장에 있다 보면 존재의 공허함을 느낄 때가 적지 않습니다. 이때 필요한 것이 정서적 공백을 채워줄 수 있는 친구입니다. 심심할 때는 캐러멜 팝콘을 들고 극장으로, 비 오는 날에는 칼국수 맛집으로 향합니다. 불금에는 온라인상에서 프리미어 리그 뺨치는 축구 게임을 펼치기도 합니다. 가끔씩 서프라이즈 선물을 주고받는데 선물의 크기보다 준비한 사연을 들으며 브로맨스는 깊어져 갑니다.

끝으로 멘토링 공동체입니다. 참고로 모임에서 제가 막내이며 유일한 30대입니다. 모두 저와 10살에서 15살 이상 차이가 나는 형님들입니다. 솔직히 이 정도 차이면 꼰대들의 단골 멘트인 "이리 와서 앉아봐." "자네 올해 나이가 몇인가?" "나 때는 말이야~"를 시전하기가 쉽습니다. 하지만 아직까지 그런 경험을 한 기억은 없습니다. 오히려 "이런 부분은 제가 목사님께 배우네요"라며 겸손의 미덕을 보여주십니다.

긍정의 콘텐츠를 주는 사람

서른다섯의 연소한 나이에 단독 목회를 시작한 저에게 남수다는 갈수록 중요한 존재가 되고 있습니다. 모두 알다시피 담임 목사는 코흘리개 아이부터 팔순이 넘은 할머니 권사님까지 모두를 아울러야 하는 중요한 자리입니다. 목회 초기에는 성경 중심 설교와 건강한 비전만 제시하면 목회가 어렵지 않게 흘러갈 줄 알았습니다. 그러나 목회는 그렇게 심플하고 낭만적이지 않더군요. 나이, 경험, 체력, 영성, 리더십 등 모든 역량에서 기준 미달이라는 사실을 깨닫는 데 그리 많은 시간이 필요치 않았습니다.

'목회도 체력이라는데 이런 수수깡 같은 몸으로 계속 감당할 수 있을까?' 한계에 부딪칠 때면 매번 정체성에 대한 질문이 뒤따라왔습니다. 감사하게도 고비 때마다 남수다 형님들이 푸근한 손길을 내밀어 주셨습니다. 보양식을 먹이고, 응원과 격려가 담긴 봉투를 쥐어주며 인생과 목회의 멘토가 되어주셨습니다. 만약 그 디딤돌이 없었다면 이 책도 존재하지 않겠지요.

한 통계조사를 보니 '멘토가 필요하냐'는 질문에 '그렇다'고 답한 비율이 60%를 차지했습니다. 멘토라는 말이 남발되어 식상해진 시내시만 여전히 그 필요성은 유효하다고 생각합니다. 예전에는 화려한 스펙과 이력으로 도배된 사람만을 멘토로 삼으려고 했습니다. 하지만 그들과 딱히 접점이 없는 시간을 보내면서 진정한 멘토의 조건을 다시 고민하게 됐습니다. 공교롭게도 제가 찾던 멘토는 실리콘밸리나 하버드처럼 이역만리 떨어진 곳에 있지 않더군요.

지근거리에서 진실한 관계를 맺으며 조건 없는 우정을 나눌 수 있는 사람, 내 존재에 점수를 매기거나 가격표를 붙이지 않고 무한 존중과 격려를 보내줄 수 있는 사람, 남모를 결핍과 아픔을 곁에서 긍정의 콘텐츠로 채워주는 사람. 이것이 제가 발견한 진정한 멘토의 조건이었습니다. 누군가에게는 그 대상이 부모님이나 배우자 그리고 가까운 친구가 될 수도 있겠죠. 법적으로 성인이 되었지만 여전히 우리에게는 또 다른 어른이 필요한 것 같습니다. 책장에 박제된 유명인사보다 오늘 나의 고민에 함께 머리를 맞대어줄 진정한 멘토는 누구입니까?

내가 글을 쓰는 이유

죽기 전에 꼭 한 번 해보고 싶은 일들을 정리한 목록을 '버킷리스트'라고 하죠? 2007년에는 미국에서 〈버킷리스트〉라는 제목의 영화도 제작되었는데 현재까지도 네이버 네티즌 평점 9점이 넘는 명작으로 꼽힙니다. 한 취업포털 사이트에서 조사한 2030 직장인 버킷리스트를 보면 세계 일주 떠나기(64.6%), 열정적인 사랑(42%), 부모님께 효도하기(33.1%), 제2외국어 마스터하기(32.7%)가 상위권을 차지하고 있습니다.

이외에도 세대와 상관없이 늘 빠지지 않는 목록이 하나 있습니다. 그게 뭘까요? 바로 '내 이름으로 된 책 출간하기'입니다. 10대 학생부터 은퇴 후 인생 2막을 준비하는 분까지 많은 사람의 가슴 한편에는 작가가 되고 싶은 강한 열망이 있습니다.

《팔리는 작가가 되겠어, 계속 쓰는 삶을 위해》(드렁큰에디터, 2020). 최근 배꼽을 잡고 읽은 이주윤 작가의 에세이입니다. 이 책은 베스트셀러를 내고픈 한 젊은 작가의 출세욕을 솔직하게 담았는데 그 위트와 매력이 남달랐습니다. 그녀는 원래 작가와는 거리가 먼 간호사 출신입니다. 어느 날 전쟁터 같은 응급실 생활에 환멸을 느껴 사표를 던지고 곧장 글쓰기 교실에 등록합니다.

이때 과제로 제출했던 원고가 우연히 출판사에 전달됐고 그렇게 첫 책을 출간하게 됩니다. 하지만 데뷔작의 성적표는 기대와 달리 폭망 그 자체였습니다. 이후 그녀는 부족한 글발을 만회하기 위해 문예창작과 편입에 도전하지만 거기서도 낙방을 경험합니다. 학교가 안 되니 어쩔 수 없이 한겨레문화센터, 상상마당, 방송작가 교육원 등 온갖 학원을 섭렵하며 집필활동을 이어갔습니다. 물론 아직까지도 이렇다 할 작품을 내지는 못했지만 자학과 자백을 오가는 그녀의 베스트셀러 도전은 오늘도 멈추지 않습니다.

작가는 아무나 하나

이주윤 작가의 좌충우돌 도전기를 읽으며 참 많은 위로를 얻었습니다. 그녀는 문예창작학과나 국어국문학과 같은 정규 코스를 밟지 않았기에 자신을 길바닥 작가라 칭합니다. 저 역시 비슷한 케이스입니다. 중학교 때부터 줄곧 장래희망은 개그맨이었고 고등학교는 Technical High School 즉 공고 출신이기에 글쓰기나 인문학적 소양과는 거리가 멀었습니다.

20대 중반에 신학교에 입학하고 이후 대학원 과정까지 마쳤지만 별로 달라진 건 없었습니다. 참고로 목회자 후보생에게 글쓰기는 축구 선수의 드리블과도 같습니다. 좋은 패스나 슛이 가능하려면 탄탄한 드리블이 필요하듯 향후 설교문이나 칼럼을 작성하려면 반드시 훈련된 글쓰기 역량이 필요하죠. 문제는 이렇게 중요한 글쓰기 수업을 학부나 대학원 어디서도 들을 수 없다는 것입니다. 그러니 잊을 만하면 터지는 목회자의 설교 표절 문제가 그리 놀라운 일도 아니죠.

코로나19 사태로 언택트 시대가 열리면서 이제는 얼마든지 온라인으로 글쓰기 수업에 참여할 수 있습니다. 그러나 이전까지는 서울이나 부산 같은 대도시가 아니면 거의 접하기가 어려웠습니다. 어쨌든 글쓰기를 가르쳐주는 이가 없으니 독학 외에는 방법이 없더군요. 인터넷 서점에서 강원국, 은유, F. L. 루카스 등 내로라하는 글선생들의 책을 주문하여 방구석 한편에 나만의 글쓰기 교실을 차렸습니다.

'글은 칭찬을 먹고 자란다.' 글쓰기에 대한 강원국 작가의 지론입니다. 감사하게도 지근거리에 있는 남수다 형님들이 어설픈 필력에 용기를 불어넣어 주며 실제적인 글쓰기 산파 역할을 해주셨습니다. 그뿐만 아니라 저마다 고유한 문체를 지닌 형님들의 글은 큰 영감의 샘이 되었습니다. '아, 역시 책은 아무나 쓰는 게 아니었어.' 집필 과정에서 몇 번이나 멘탈이 털렸지만 그때마다 새로운 작가들의 책을 수혈해주며 펜을 놓지 않도록 잡아주셨습니다.

치유하는 글쓰기

2020년 12월의 첫날 비장한 마음으로 출판사 몇 곳에 투고 메일을 보냈습니다. 전략상 하루에도 수십 통씩 원고가 들어오는 상황에서 단번에 시선을 사로잡을 신박한 제목이 필요했습니다. 그래서 제가 선택한 제목이 '띵동~ 여기 혼을 갈아넣은 출판기획서가 도착했습니다!'였습니다.

모 출판사 부장님은 "목사님, 올해 들어온 메일 제목 중에 대상감입니다. ㅎㅎ"라는 피드백을 주기도 했습니다.

'혼을 갈아넣었다'라는 표현은 결코 과장이 아니었습니다. 첨부파일에 넣은 출판기획서와 10페이지짜리 샘플 원고를 작성하기 위해 무려 4개월 동안 새벽 2~3시까지 모니터 앞에서 씨름해야 했습니다. 단군 이래 최악이라는 출판 경기에 투고를 뚫기란 정말 낙타가 바늘구멍을 통과하는 격이었지요. 과분하게도 출판사 여러 곳에서 연락을 받았고 그중 가장 잘 맞을 것 같은 곳과 계약하게 됐습니다.

"우리의 삶은 남들만큼 비범하고, 남들의 삶은 우리만큼 초라하다." 허지웅 작가의 에세이 《살고 싶다는 농담》(웅진지식하우스, 2020)에서 건진 문장입니다. 흔히 사람들은 자신이 걸어온 삶의 이야기를 과소평가하는 성향이 있는 것 같아요. 그래서 '나 같은 사람이 무슨 책을 써'라며 지레 포기해버리죠. 하지만 그렇지 않습니다. 오히려 평범한 일상일수록 공감을 불러오며 그 공감의 깊이가 비범함을 만듭니다.

"글쓰기에서 얻는 가장 큰 유익이 뭔가요?" 누가 이렇게 묻는다면 단연 치유라 말하고 싶네요. 거울에 비친 내 모습은 너무 익숙해서 무심코 지나칠 때가 많습니다. 하지만 글에 투영된 낯선 모습을 대할 때면 관점의 변화나 시야의 확장을 얻기도 했고 때론 또 다른 나를 발견하기도 했습니다. 무엇보다 결핍으로 얼룩진 지난 걸음들을 여유롭게 돌아보며 더 사랑하게 만들어주었습니다. 그래서 저는 이 시간이 좋습니다. 텅 빈 화면을 나만의 이야기로 자유롭게 그리고 두려움 없이 채워갈수록 더욱 단단해진 영혼의 근력을 얻게 되니까요.

그렇게 아버지가 된다

2017년 어느 가을 날 어머니가 마당에서 넘어져 엄지발가락에 골절상을 입었습니다. 근처 병원에 방문해 사진을 찍어보니 다행히 몇 주만 입원하면 된다고 했습니다. 어머니는 입원 겸 지난 건강검진 때 받지 못한 정밀검사를 받기로 했습니다. 그런데 며칠 후 복부초음파 검사에서 화면에 뭔가 보인다는 이상 소견을 들었습니다. 이어서 진행한 CT 촬영 결과 담낭에 여러 개의 혹이 있다는 사실을 발견했습니다.

당시 아버지는 선교 차 필리핀에 계셨기에 제가 보호자로 의사 소견을 들으러 갔습니다. 진료실에 들어가니 의사가 CT 필름을 보여주며 설명을 해주더군요.

"자, 여기가 담낭인데 보이시죠? 현재 여러 개의 종양이 있고 그중에 2센티미터가 넘는 크기도 있어서 가급적 빨리 상급병원으로 옮기는 게 좋겠습니다."

진료실을 나와 수납을 하고 검사 필름이 담긴 CD와 소견서를 받았습니다. 구체적으로 뭐라고 적혔나 소견서 봉투를 열어보니 영어로 '담낭암 의증'이라고 적혀 있더군요. 오랜 병원생활 때문인지 진단명을 보자마자 직감적으로 위급상황이라는 느낌이 확 들었습니다. 일단 어머니께는 별일 아닐 거라 안심시켜 드리고 집에 오자마자 인터넷에 접속해 관련 내용을 찾기 시작했습니다.

얼마 지나지 않아 암 환우회 카페에서 비슷한 증상의 글을 발견했습니다. '60세 이상의 여성, 복부 초음파를 통해 발견, 2cm 이상의 크기, 체중 감소 및 급격한 피로감 호소.' 놀랍게도 게시글에 적힌 내용들이 현재 어머니의 증세와 일치했습니다. '설마 아닐 거야~' 행여 잘못된 정보가 아닐까 수십 개의 글을 찾아 봤지만 결론은 같았습니다. 순간 온몸에 소름이 돋더군요. 그간 하루아침에 암 환자가 되었다는 이야기는 주변에서 어렵지 않게 들었지만, 그게 내 부모의 일이 될 거라곤 전혀 생각지 못했기 때문입니다.

처음으로 통곡한 날

이후 어머니는 정밀검사를 받기 위해 전남 화순에 있는 암 전문병원으로 옮기셨습니다. 어머니를 홀로 병실에 두고 집으로 돌아오는데 암담하더군요. '몇 주 전만 해도 멀쩡하셨는데 갑자기 담낭암 의증이라니….' 눈앞에 닥친 현실이 잘 믿기지가 않았습니다. 게다가 보호자는 최악의 경우까지도 생각해야 했기에 그 심란함은 이루 말할 수 없었습니다.

담낭암은 그저 하늘의 뜻에 맡겨야 한다고 할 만큼 예후가 매우 좋지 않은 암이라고 합니다. 더구나 진단을 받았을 때는 이미 병세가 상당히 진행되어 말기에 근접한 환자들도 적지 않습니다. 만약 그렇다면 평균 생존기간은 6개월에서 1년 사이, 말 그대로 시한부에 해당됩니다. 당시 채린이가 11개월, 두 달 후면 돌잔치를 앞두고 있었는데 저뿐 아니라 어머니에게도 눈에 넣어도 아프지 않을 그런 시기였죠. 이제 남은 노년은 손주 재롱 보며 좀 편히 쉬시려나 했는데 암이라니. 그것도 악명 높은 담낭암.

하루는 웃음을 잃은 어머니를 위해 아이를 데리고 병원에 다녀왔습니다. 집으로 오는데 문득 이런 생각이 들더군요. '우리 채린이가 이렇게 예쁘고 사랑스럽게 크고 있는데 정말 암이라면 이 모습을 얼마나 더 보실 수 있을까?' 그 생각을 하니 앞이 캄

캄해졌습니다. 저녁에 아이를 재우고 아내와 이야기를 나누는데 그만 억눌렀던 감정이 터져버렸습니다. 결혼 후 단 한 번도 아내 앞에서 눈물을 보인 적이 없었는데 이날은 어린아이처럼 엉엉 소리 내며 하염없이 울었습니다.

"여보, 우리 엄마 어떡해. 지금껏 평생 고생만 하셨는데. 정말 어떡해…." 아내는 통곡하는 저를 말없이 안아주며 그저 눈물이 멈출 때까지 기다려주었습니다. 며칠 후 수술 일정이 잡혔다는 연락을 받았습니다. 병원에 가보니 최종 진단은 담낭을 제거한 후 조직 검사를 해봐야 알 수 있다고 하더군요. 그런데 뭔가 설명이 좀 부족했고 찜찜한 느낌을 떨칠 수 없었습니다. 경험상 이럴 때는 보호자가 내리는 순간의 판단이 환자의 생사를 가를 수도 있습니다. 그래서 수소문 끝에 서울에 있는 병원으로 이전하기로 결정했습니다.

엄마는 어땠을까

감사하게도 며칠 뒤 간담췌외과 명의가 있는 병원에서 진료를 받을 수 있었습니다. 교수님은 우리가 가져간 소견서를 보고는 즉시 입원 결정을 내리고 신속하게 정밀검사를 받도록 해주었습니다. 이윽고 현존하는 암 검사 중 가장 정확하다는 PEC-CT를 찍고 나서야 담낭 안의 종양이 악성이 아닌 양성으로 밝혀졌습니다. 결국 어머니는 담낭만 제거하는 수술을 받고 다시 건강하게 일상으로 돌아오셨습니다.

"너도 네 새끼 낳아서 키워봐라." 자식이 속 썩일 때면 우리네 부모님이 자주 하시던 말씀입니다. 부모가 되어보니 이제야 그 말의 의미를 알 것 같습니다. 특히나 아픈 자식을 바라보는 부모의 마음은 어떻게 말로 표현이 안 되더군요.

아이가 갓 100일을 넘겼을 때 뇌수막염이 의심되어 처음으로 병원에 입원했을 때 일입니다. 젖먹이 영아라 혈관이 너무 가늘어 베테랑 간호사도 한 번에 수액 바늘을 꽂기가 어려웠습니다. 여러 번 찔러대는 주사에 자지러지는 아이를 보며 아내도 저도 누 눈이 시뻘개졌던 기억이 납니다.

하물며 어머니는 지금껏 비교할 수 없는 쓰라린 가슴앓이를 해오셨습니다. 다 큰 성인이 식탁에서 밥 한 공기 제대로 비우지 못하는 모습에 늘 한숨을 지으셨고, 때때로 쓰러진 아들을 업고 응급실로 뛰어야 했으며, 새벽마다 "하나님 우리 아들 좀 고쳐주세요"라고 엎드린 자리를 눈물로 적셔야 했습니다.

어느 날 아파서 끙끙 앓다가 잠든 채린이를 보며 어머니의 닳고 닳은 마음이 느껴졌습니다. '그래, 엄마가 지금껏 이런 심정으로 날 키우셨구나. 비록 아픈 게 내 잘못은 아니지만 자식으로서 참 몹쓸 일이지. 그렇기에 더 꿋꿋하게 씩씩하게 살아야겠구나.' 목사로서 환생을 믿진 않지만 그럼에도 이렇게 마음을 표현하고 싶습니다.

"엄마, 다음 생엔 내 딸로 태어날래? 못다 한 공부 내가 다 시켜주고 나한테 쏟은 사랑도 갑절로 갚아줄게. 고맙고 너무너무 사랑해."

비교하지 않는 연습

코로나19 이후 모임과 만남이 줄어들다 보니 SNS 사용량이 급증했습니다. 저는 주로 페이스북을, 아내는 가끔씩 인스타그램을 사용합니다. 일찍이 10~30대는 대부분 인스타그램으로 이주했기에 페이스북에 남은 친구는 평균 40대 이상의 목회자입니다. 그래서 제 피드에 주로 올라오는 게시물에 별 차이가 없습니다.

반면 인스타그램은 사뭇 분위기가 다릅니다. 그쪽 동네에는 어떤 소식들이 올라오는지 궁금해 가끔 아내의 허락을 받아 인스타그램을 구경하는데, 일상화된 사회적 거리두기 때문에 슬기로운 집콕 생활이 새로운 유행으로 자리 잡았더군요. 특별히 집에 머무는 시간이 많아지다 보니 리모델링 및 홈 인테리어 게시물이 많았습니다.

'600각 포셀린 타일은 가격도 비싸고 시공도 어렵다던데 이 집은 현관부터 거실 그리고 방까지 전부 다 깔았네.' '코로나 때문에 목욕탕도 못 가는데 저렇게 넓은 욕조가 있으면 채린이가 참 좋아하겠다.' 그렇게 랜선 집들이를 마치고 나면 괜히 우리 집이 더 좁고 답답해 보입니다. 다른 한편, 굳이 기념일이 아니더라도 홈 파티 사진들이 자주 올라옵니다. 우아한 샹들리에 조명 아래 각종 파스타와 유기농 샐러드, 와인과 스테이크가 한 상 고급지게 차려 있습니다.

"와⋯ 어떻게 집에서 이렇게 해먹지? 대박이다 진짜." 사진을 보다가 무심결에 뱉은 말에 아내가 낮은 목소리로 반응합니다. "여보, 나도 자기랑 채린이한테 더 맛있고 몸에 좋은 음식들 해주고 싶은데 주말이면 피곤하고 쉬기 바빠서⋯ 정말 미안해요."

생각해 보니 아내도 그런 사진들을 보며 그간 적잖이 마음이 불편했나 봅니다. 아차 싶어 "아니야. 어떻게 직장생활과 살림을 완벽하게 해요. 내가 집에 있는 시간이 많으니까 신메뉴 개발에 더 노력해 볼게요"라고 얼른 대답했습니다. 찰나의 순간, 그늘진 아내의 표정을 보며 비교하지 않는 마음은 의식적으로 갖지 않으면 안 된다는 것을 느꼈습니다.

119

안녕하지 못한 대한민국

몇 해 전 우리나라 초등학생들의 주관적 행복감, 즉 스스로 느끼는 행복감이 세계 최하위권이라는 다소 충격적인 연구 결과가 발표됐습니다. 국제구호단체 세이브더칠드런과 서울대 사회복지연구소가 공동으로 진행한 '아동의 행복감 국제 비교 연구'에서 '주관적 행복감'이 조사 대상인 12개국 아동 가운데 가장 낮은 것으로 나타났습니다. 쉽게 말해 한국보다 경제적으로 뒤처진 네팔이나 에티오피아보다 더 낮은 수치입니다. 왜 우리 아이들의 주관적 행복감이 이리도 낮은 것일까요? 여러 원인이 있겠지만 책임연구자인 서울대 사회복지학과 이봉주 교수는 한 인터뷰에서 이렇게 밝혔습니다. "한국 아동의 외모와 성적에 대한 만족감이 다른 나라보다 크게 낮은 이유는 부모와 사회가 정한 기준에 맞추느라 늘 남과 비교하는 분위기에서 아이들이 위축된 결과로 보인다."

또 다른 통계로 서울대 행복연구센터와 카카오가 공동으로 진행한 '대한민국 행복 리포트 2019'가 있습니다. 책으로도 출간되었는데 이 연구 결과를 보면 연령대와 성별에서 20~30대 여성의 주관적 행복감이 가장 낮은 것으로 드러났습니다. 서울대 행복연구센터장 최인철 교수의 답변을 들으니 대략 이렇게 정리할 수 있더군요.

20~30대 여성들의 안녕지수(행복감)가 최하위인 이유는 다음 3가지와 관련이 있었다고 합니다. 첫째, 물질주의입니다. 다른 세대나 남성들보다 물질적 만족을 최고의 가치로 삼는 경향이 가장 강한 것이죠. 둘째, 낮은 감사지수입니다. 감사를 느끼는 정도가 가장 낮았고 셋째, 신경증입니다. 정서불안이 가장 높고 남들과 비교하는 경향도 동일하게 높다고 합니다. 특정 세대의 문제라기보다 시대의 문제라고 볼 수 있겠지요. 안타까운 일이 아닐 수 없습니다.

비교의 채널 바꾸기

"남과 비교하지 말고 자신의 길을 가세요!" 여러 강연과 자기계발 서적에서 지겹게 들었던 말입니다. 그러나 냉정히 말하면 남과 비교하지 않는 삶은 불가능합니다. 친구가 취업하거나 이직했을 경우 어느 회사인지 그리고 연봉이 얼마인지 내심 궁금하지 않던가요? 인간은 사회적 동물이기 때문에 비교는 누구나 갖는 보편적 심리입니다.

저도 이 책의 원고를 준비하며 적잖은 책을 참고했습니다. 그

중 김정주 작가의 《안녕, 기독교》(토기장이, 2019)가 있습니다. 1984년생으로 저와 동갑인 김정주 작가와는 페이스북에서 스친 인연으로 친구가 되었어요. '어쩜 이렇게 글을 잘 쓰지?' 이 친구의 필력을 보노라면 내심 부럽고 동경하게 될 때도 많습니다. 실제로 그의 글은 독자들에게 많은 사랑을 받고 있고 어느덧 기독 출판계가 주목하는 젊은 작가 중 한 사람이 되었습니다.

역으로 김 작가 또한 저를 부러워할 때가 있습니다. 자신은 아직 신학 수업을 받고 있는 전도사인데 저는 이미 그 과정을 수료한 담임목사라는 점에서 말이죠. 또한 자신에게도 남수다와 같은 우정 공동체가 있으면 좋겠다고 말하기도 합니다. 그렇지만 저희는 결코 서로에게 열등감 따위는 느끼지 않습니다. 오히려 서로의 다름과 강점을 인정하고 배움과 자극을 주고받는 진실한 사귐을 이어가는 중입니다.

앞서 살펴봤듯이 대한민국은 지독한 비교경쟁 사회입니다. '더 예뻐져야 해. 더 유능해져야 해. 남보다 더 올라가야 해.' 오죽하면 MRI를 통한 한 심리검사에서 한국인의 뇌는 비교하는 뇌로 나왔다고 합니다. 누가 그러더군요. 비교는 비참과 교만의 줄임말이라고. 평생 오르락내리락 반복되는 그 비교의 시소 위에는 우리가 찾는 행복이 없습니다.

비교하지 않는 연습이란 시선을 오롯이 내 안에 두는 것입니다. 타인이 아닌 결핍도 아닌 하나님께서 나에게 주신 자원에 집중해야 합니다. 지금은 그것이 하찮고 볼품없어 보일지라도 그 고유성을 인정하고 잘 가꾸어 나간다면 그것이 언젠가 나만의 시그니처가 될 것입니다.

네 손에 있는 것이 무엇이냐 출애굽기 4:2, 개역개정

하나님께서 모세에게 이집트 탈출이라는 위대한 사명을 맡겼을 때 결코 다른 자격을 찾지 않으셨습니다. 지극히 평범했던 목동의 지팡이처럼, 현재 나의 손에 들린 것은 무엇입니까?

나의 진짜 모습,
그분과 함께 있을 때
더 잘 들여다볼 수 있습니다.

여행의 이유

"여보, 이제 채린이도 제법 컸으니 쉴 때 가까운 곳이라도 자주 다녔으면 좋겠어요."

오늘도 아내는 뾰로통한 표정으로 불만 섞인 투정을 늘어놓습니다. 다른 건 다 이해하고 양보하겠는데 여행만큼은 도저히 포기가 안 되나 봅니다. 그렇다고 남들처럼 거창한 해외여행이나 전국 팔도 여행을 원하는 것도 아닙니다. 장시간 운전이 힘드니 그저 한 시간 내외에 있는 펜션이라도 오붓하게 다녀오자는 겁니다.

저는 체력적으로 부담이 크기에 여행이 두렵습니다. 야외에서 쓸 수 있는 배터리는 기껏해야 2~3시간 정도이고 만성 설사 때문에 차 안에서는 늘 좌불안석입니다.

일전에 여수로 태교여행을 다녀온 적이 있습니다. 고작 편도 2시간 거리, 1박 2일의 짧은 일정임에도 돌아오는 날 고열이 나 이후 며칠을 앓아누워야 했습니다.

이러한 트라우마 때문에 그 후로 제대로 된 여행을 가보지 못했습니다. 여행은 저에게 설렘과 기쁨이 아닌 비효율적인 낭비처럼 여겨졌으니까요. 어느 날 저녁 침실에서 세 식구가 뒹굴뒹굴거리며 포근한 시간을 보내고 있었습니다. 그때 채린이는 27개월에 접어들었고 아내는 진행하던 프로젝트를 마치고 잠시 휴직 중이었습니다.

"여보, 우리 다음 주에 제주도 다녀올까요?"

"무슨 소리예요. 갑자기?"

"아니, 당신도 쉬고 있고 채린이도 이제 잘 뛰어다니잖아요."

"정말?"

갑작스런 제안에 아내는 당황해했지만 곧이어 비행기 티켓과 숙소를 알아보는 저를 보며 "진짜 가는 거야?"라며 흥분을 감추지 못했습니다. 남들은 여행 전날 짐만 싸면 되지만 저는 꼭 잊지 말고 챙겨야 할 게 있었습니다. 한나절도 못 버티는 저질 체력을 위한 대비죠. 평소 다니던 의원에 방문해 아미노산 영양제, 비타민 주사, 포도당 수액을 4시간 넘게 때려부어 어떻게든 체력을 최대치로 끌어올렸습니다. 그렇게 모든 준비를 마치고 2019

년 3월, 제주도로 첫 가족여행을 떠났습니다.

제주도 푸른 밤

여행 당일 광주는 역대급 미세먼지로 희뿌옇지만 마음만큼은 맑고 화창했습니다. 공항에 도착해 짐을 부치고 기내에 들어서는데 아내가 울먹이는 목소리로 "이제야 실감이 난다"고 하더군요. 그 상기된 표정을 보니 남편으로서 참 많이 미안했습니다. '하와이나 유럽도 아닌 고작 제주도인데 내가 너무 기대치를 낮춰놨구나.' 살포시 아내의 손을 잡으며 약속했습니다.

"여보, 앞으로 내가 더 노력할 테니 이제 여행 자주 다녀요."

여행 일정은 2박 3일. 숙소는 중문에 있는 신라호텔로 잡았습니다. 명색이 5성급 호텔인지라 저렴한 금액은 아니었지만 비수기 특가 할인에 뷔페까지 이용할 수 있었습니다. 때마침 지인 목사님 교회에서 여행비를 보조해주셔서 세 식구가 부족함 없이 다녀올 수 있었습니다. 여행의 테마는 호캉스였고 둘째 날에는 짧은 야외 일정을 하나 잡았습니다.

숙소는 제주의 대표 호텔답게 호캉스에 최적화된 부대시설을 갖추고 있었습니다. 객실에 짐을 풀고 침대에 널브러져 있는 사이 아내와 채린이는 부리나케 호텔 구경에 나서더군요. 저녁에는 고급스러운 분위기의 연회장에서 투숙객을 위한 샌드아트와 버블쇼를 관람했습니다. 성인이 보기에도 연신 감탄이 나올 정도였으니 세 살 아이의 눈에는 모든 게 신기하고 가슴 설레는 시간이었을 겁니다.

둘째 날 오전에는 근처에 있는 퍼시픽랜드에서 돌고래쇼를 봤습니다. 쇼 중간에 앙탈을 부리는 아기 돌고래를 보자니 조금 안

쓰러웠지만 그럼에도 생전 처음 보는 돌고래쇼는 별 다섯 개를 줘도 부족한 감동을 안겨주었습니다. 공연 후 돌고래와 사진을 찍을 수 있었는데, 채린이가 겁을 먹었는지 차마 돌고래의 손을 잡지 못해 엄마가 대신 잡고 근엄한 기념컷을 남겼습니다.

점심은 명실상부 제주 최고 뷔페인 더 파크뷰에서 먹었습니다. 미리 블로그에서 염탐한 대로 대게, 양 갈비, 안심스테이크 등 일반 뷔페에서는 볼 수 없는 산해진미로 가득했습니다. 솔직히 1인분도 못 먹는 저에게는 가성비가 매우 나쁜 식사였으나 아내와 채린이에게는 입호강 제대로 한 날이었습니다. 마지막 일정으로 아이가 손꼽아 기다리던 호텔 수영장에서 물놀이를 했습니다. 저는 물에 들어가지 않고 연신 카메라 셔터만 눌러댔지요. 까르르 웃으며 해맑게 노는 모습을 지켜보는 것만으로 충분히 뿌듯한 시간이었습니다.

호모 비아토르

예정에 없던 2박 3일의 달콤한 여행은 꽤 긴 여운을 주었습니다. 채린이는 어린이집 선생님과 친구들에게 재잘재잘 그 추억을 자랑했고, 누가 집에 오기라도 하면 돌고래와 찍은 사진을 가리

키며 어깨를 으쓱했습니다. 그뿐만 아니라 첫 가족여행의 감흥은 또 다른 여행을 낳았습니다. 그해 가을 정기휴가 차 다시 한 번 제주도에 방문하여 더 여유롭게 제주의 멋을 느끼고 돌아왔습니다.

"여보, 작년에 두 번이나 제주도에 다녀오기를 정말 잘한 거 같아. 안 그래요?"

"그러게. 그때는 마스크도 안 쓰고 정말 편하게 다녔는데 언제쯤 그 시절로 돌아갈 수 있을까요."

2020년 코로나 팬데믹이 터지고 아내와 나눈 대화입니다. 가끔씩 여행이 고플 때면 제주에서 찍은 사진과 영상을 꺼내보며 그때의 감성에 젖습니다. 그때 무작정 떠나야겠다는 용기를 내지 않았다면 어땠을까? 아마도 편협한 사고는 화석처럼 더 굳어졌을 테고 추억 앨범은 군데군데 공백으로 남았을 것입니다.

여행의 이유는 저마다 다를 수 있지만 제게 여행은 도전에 초점이 있습니다. 여전히 고됨과 불안이라는 묵직한 짐을 안고 가야 하지만 그 과정을 통해 얻는 새로운 경험에서 더 큰 채움을 경험합니다. 프랑스 철학자 가브리엘 마르셀은 인간을 '호모 비아토르'(Homo Viator)라 정의했습니다. 여행하는 인간이라는 뜻으로 어딘가를 향해 끊임없이 이동하는 인류의 본성을 강조한 표현입니다.

성경을 보면 하나님께서도 호모 비아토르를 통해 새로운 역사를 창조해 가십니다.

너는 너의 고향과 친척과 아버지의 집을 떠나 내가 네게 보여 줄 땅으로 가라 창세기 12:1, 개역개정

오늘도 믿음의 조상 아브라함이 걸었던 길을 묵상하며 제 믿음의 여정에서도 그분의 신비하고도 섬세한 채움을 기대합니다.

다시 카르페디엠

코로나19를 맞으며 자연스레 극장과 거리가 멀어졌습니다. 밀집, 밀폐, 밀접 이른바 3밀의 대표적인 장소이기 때문이죠. 그러던 어느 날 디즈니 픽사의 신작 애니메이션 〈소울〉의 개봉 소식을 들었습니다. 채린이가 전작인 〈인사이드 아웃〉〈코코〉를 매우 재밌게 보았던 터라 오랜만에 가족 나들이 장소를 영화관으로 정했습니다. 집 근처 가장 사람이 적을 만한 극장을 찾았습니다.

'헐, 이거 실화냐?' 상영관 문을 열고 들어가니 150석이 모두 텅 비어 있었습니다.

"채린아, 아빠가 여기 빌렸어!"

해맑은 다섯 살 영혼에게 너스레 떠는 사이 드디어 영화의 막이 올랐습니다. 주인공 조 가드너는 뉴욕의 한 중학교에서 시간

제 교사로 아이들에게 음악을 가르치고 있습니다. 실력이 꽤 괜찮았는지 얼마 후 학교로부터 정식 교사로 채용하겠다는 희소식을 듣게 되죠. 하지만 조에게는 그 소식이 별로 달갑지 않습니다. 왜냐하면 그는 재즈 피아니스트의 삶을 꿈꿨기 때문입니다. 그의 머릿속에는 첫째도 둘째도 셋째도 온통 재즈 생각뿐입니다. 어느 날 예전에 가르쳤던 제자를 통해 꿈같은 이벤트가 성사됩니다. 바로 평소 동경하던 재즈 밴드의 공연에 연주자로 발탁이 된 것이죠. 믿기지 않는 제안을 받은 조는 너무나 들뜬 나머지 정신 나간 사람처럼 뉴욕 거리를 걷다 그만 맨홀에 빠지게 됩니다.

정신을 차린 조는 자신이 영혼만 남아있는 상태며 머지않아 저세상으로 가게 된다는 사실을 깨닫습니다. "어떻게 잡은 기회인데 이내로 죽을 순 없어!" 조는 필사적으로 뒷걸음을 치다 유세미나(인간이 태어나기 전에 머무는 세계)에 떨어지게 되고 그곳에서 지난 수천 년 동안 지구로 가기를 거부한 영혼 22호를 만납니다. 그리고 우여곡절 끝에 22호와 함께 다시 지구로 돌아오게 됩니다.

지금 이 순간 느끼기

아내가 이른 시간에 출근해서 아이 등원은 늘 제 몫입니다. 집에서 유치원 버스를 타는 장소까지는 불과 50미터도 되지 않습니다. 엘리베이터를 타고 내려가 현관을 지나 관리사무소 앞 계단을 내려가면 끝이죠. 사실 저에겐 매일 반복되는 루틴이기에 별로 새로울 게 없는 일과입니다. 하지만 채린이는 그 등원 길에서 날마다 새로움을 발견하더군요.

"아빠, 이 빨간 박스 안에는 뭐가 들어 있어?" 엘리베이터를 기다리며 소화전의 용도를 매번 묻습니다. "아빠, 저기 멍멍이 봐봐. 아침부터 운동하러 나왔나 봐." 산책 나온 푸들의 토실토실한 뒤태를 보면 귀여워서 어쩔 줄 몰라 하고요. "아빠, 나무 위에도 좀 봐. 새집이 있어." 아이의 손짓을 따라가니 정말 저도 몰랐던 새 둥지가 보입니다.

다시 〈소울〉 이야기입니다. 지구로 온 22호는 태어나기 전의 세계에서는 경험하지 못한 새로운 감각을 느낍니다. 갓 구운 피자한 조각의 황홀한 맛, 눈부신 햇살이 내리쬐는 파란 하늘, 지하철역 이름 모를 연주자의 감미로운 연주 등을 체험하며 그토록 싫어했던 지구로 오고 싶은 마음이 간절해집니다. 참 이상하죠? 그동안 에이브러햄 링컨, 마더 테레사, 마하트마 간디에게 인생의 목적에 대해 멘토링 받았어도 심드렁하기만 했는데, 지구에서 경험한 지극히 평범하고 일상적인 일들을 통해 처음으로 가슴이 뛰기 시작한 것입니다.

반면 조는 도로시 윌리엄스 밴드와의 첫 공연을 성공적으로 마칩니다. 모두가 열광했던 환상적인 공연이었지만 조의 마음속에는 알 수 없는 허무감이 밀려옵니다. 아마도 그토록 원하는 목표는 이뤘지만 감흥이 기대만큼 크지 않았기 때문이었겠죠. 결국 영화 〈소울〉이 전하는 메시지는 이것입니다. 인생은 어떤 꿈이나 목적을 이루었을 때만 의미 있는 것이 아니라 그 자체로 의미 있고 아름다운 것이라고!

쉘 위 댄스?

처음으로 집필 작업을 해보니 작가들이 단명하는 이유를 조금 알 것 같습니다. 물론 글이 잘 써질 때는 도파민 수치가 올라가면서 짜릿한 쾌감과 희열을 느낍니다. 하지만 영감이 고갈될 때는 글 한 줄을 쓰는 일이 마치 완전 군장을 메고 오르막 언덕을 오르는 듯한 고통입니다. 게다가 들쑥날쑥한 컨디션에 마감일마저 가까워지면 그야말로 피가 마르는 심정이더군요.

집필을 하는 사이 해가 바뀌었고 채린이는 다섯 살이 됐습니다. 유치원에서 돌아오면 아빠는 늘 컴퓨터 앞에서 자판을 두드리고 있습니다.

"아빠 나랑 놀자~"

아이도 아빠가 한동안 글을 써야 한다는 사실을 알지만 아직은 같이 놀고 싶은 욕구가 더 클 나이입니다.

촉박한 시간 탓에 바쁘니까 다음에 놀아주겠다고 양해를 구하고 얼마든지 서재 밖으로 내보낼 수 있지만 언제부턴가 아이가 부르면 벌떡 일어납니다. 그리고 거실에 있는 블루투스 스피커로 〈미녀와 야수〉 OST를 틉니다. 음악이 시작되면 아이와 손을 맞잡고 만화영화 속 무도회 장면을 재연합니다. 그렇게 한동안 아이와 놀고 나면 흐름이 깨져 다시 글에 집중하기가 여간 쉽지 않습니다. 하지만 괜찮습니다. 저에게는 유명 작가가 되는 일보다 다시는 돌아오지 않을 채린이의 다섯 살 추억이 더 소중하니까요.

카르페디엠(carpe diem)이란 말을 한번쯤 들어보셨을 겁니다. 지금 살고 있는 이 순간에 충실하라는 뜻의 라틴어이며 우리말로는 '현재를 잡아라'라는 의미입니다. 영화 〈죽은 시인의 사회〉에서 키팅 선생이 입시 감옥에 갇힌 학생들에게 던진 명대사로 유명합니다. 우리는 습관적으로 덜 중요하다고 여기는 일을 자꾸 미루지만 내일은 우리의 소유가 아닙니다.

"그때 그 땅을 샀어야 하는 건데…" 죽음을 앞둔 사람이 이런 후회를 했다는 이야기를 들어본 적 있나요? 죽기 전 가장 후회하는 일은 재물이나 출세가 아닌 바로 사랑하는 사람들과 더 많은 시간을 보내지 못한 일이겠지요. 그러니 조금 느리게 가도 괜찮고 대단한 업적을 남기지 않아도 괜찮습니다. 오늘 사랑하는 이들과 얼굴을 맞대고 행복한 수다를 떨 수 있다면 우리 생은 그 자체로 의미 있고 아름다우니까요. 이번 주말에 영화 〈소울〉 한 편 어떤가요?

여러분은 내일 일을 알지 못합니다. 여러분의 생명이 무엇입니까? 여러분은 잠깐 나타났다가 사라져버리는 안개에 지나지 않습니다. 야고보서 4.14, 새번역

3장

—

결핍을 채우다

우는 예수

스마트폰 하나만 있으면 어디서나 퀄리티 높은 강의를 들을 수 있는 시대입니다. KBS〈명견만리〉, tvN〈어쩌다 어른〉, JTBC〈차이나는 클라스〉등 몇 번의 터치로 각 분야의 스타 강사들을 집에서 만나볼 수 있습니다. 청중을 웃고 울리는 강사들을 볼 때면 저의 기억에 남아 있는 한 분이 떠오릅니다.

바로 행복 전도사로 불렸던 방송인 겸 작가 故 최윤희 씨입니다. 기억나시나요? 예순이 넘은 나이에도 초록색 헤어스타일을 고수하며 은근한 전라도 말투로 웃음과 희망을 전했던 사람. 그녀는 행복 전도사라는 타이틀에 맞게 청와대부터 교도소까지 전국 방방곡곡을 누비며 집필과 강의로 절망에 빠진 이들을 다시 일으켜 세웠습니다.

하지만 2010년 10월, 희귀난치성 질환인 루푸스로 투병하다
스스로 먼 길을 떠났습니다. 그녀의 안타까운 소식에 많은 국민
이 충격 속에 애도를 표해야 했습니다. 그녀가 앓았던 질병은 저
와 같은 종류인 자가면역질환입니다. 쉽게 말해 내 몸을 지켜주
어야 할 면역세포가 도리어 자신의 몸을 공격하는 것이죠. 이로
인해 염증이 소화기관에 나타나는 증상이 크론병, 신장과 폐 그
리고 피부에 나타나는 증상이 루푸스입니다.

그녀의 투병 사실은 가까운 지인들도 눈치채지 못했습니다.
아들도 평소 부모님의 금슬이 좋았던 터라 별다른 이상을 느끼
지 못했다고 합니다. 그녀를 지척에서 지켜봐온 한 심리학자는
그녀의 증상을 내면과 외면의 극심한 불일치로 생기는 '가면 우
울증'이라고 진단했습니다. 아마도 그녀는 자신의 우울증이 행
복 전도사라는 타이틀에 부정적인 영향을 끼칠 수 있기에 외부
로 드러내지 않은 것 같습니다.

죽음에 이르는 병

일반적으로 희귀난치성 질환은 관련 인터넷 커뮤니티 사이트
가 있습니다. 저도 온라인 카페 '크론 환우회'에서 소통하고 있습

니다. 환우들은 동병상련의 심정으로 자신의 경험담, 투병기, 질문과 근황을 주고받으며 서로를 응원하고 격려합니다. 크론병은 주로 젊은 층에서 발병하는데 10대에서 30대까지의 비율이 전체의 80%를 차지하고 있습니다. 때문에 꽃다운 학창 시절과 빛나는 청춘을 학교와 캠퍼스가 아닌 적막한 입원실에서 소진해야 하는 경우가 많습니다. 남들보다 큰 불확실성은 학업, 취업, 연애, 결혼 등 당면한 현실의 무게를 더욱 버겁게 만듭니다. 그래서 미래를 생각하면 머리만 아프니 일찌감치 평범한 삶에 대한 기대를 접은 청년들도 적지 않습니다.

한 통계를 보니 희귀난치병 환자는 50% 가까이 우울증을 경험하고 있다고 합니다. 실제로 환우회 카페에서는 우울감을 호소하는 게시물을 그리 어렵지 않게 볼 수 있습니다. 어떤 회원은 더 이상 버티기 힘든 고통 때문에 스위스에 있는 병원에 메일을 보내 안락사에 대해 문의했다고 합니다. 그 메일을 쓰기까지 눈물로 침대를 적셨을 모습을 생각하면 같은 환우로서 가슴이 먹먹해집니다.

올해로 투병 17년 차를 맞고 있습니다. 22살에 진단받아 어느덧 마흔을 앞두고 있으니 적지 않은 세월이 흘렀네요. 다행히도 저는 아직까지 신경정신과 약을 복용한 적은 없습니다. 오해하지 마세요. 정신과 진료가 부끄럽다는 뜻이 아니라 그저 제 멘탈이 잘 버텨왔다는 뜻입니다. 물론 지금도 한 해를 지날 때면 적으면 한두 번, 많으면 서너 번 정도 우울감을 경험하고 있습니다. 대부분 우울감은 방바닥을 기어야 하는 장협착이나 출혈 같은 극한의 상황에 있을 때 찾아옵니다. 고통도 고통이지만 그보다는 미래에 대한 회의가 우울과 불안의 근원인 것 같습니다.

'지금 쓰고 있는 주사제도 약발이 끝나가는구나. 이제 남아있는 약물은 겨우 하나뿐인데 그것마저 효과가 없으면 난 대체 어떡하지.'

'장은 다른 장기와 달리 이식도 불가능한데 결국 재수술만이 답인가? 아니면 이 극한의 통증을 계속 더 참아야 하나? 언제까지 내가 참을 수 있을까?'

'여기서 항문 기능이 더 떨어지거나 수술로 장의 길이마저 짧아지면 상루(인공항문)를 영구직으로 딜아아 한다는데, 아 그긴 정말 생각하기도 싫다.'

대체로 이런 부정적인 생각에 사로잡힐 때 극도의 우울감에 시달립니다. 그런 최악의 상황이 내일이 될지, 다음 주가 될지, 한 달 후가 될지 알 수 없기에 마치 시한폭탄을 안고 사는 기분입니다.

저는 기독교 신앙을 가진 그리스도인이며 한 지역 교회를 담임하고 있는 목사입니다. 그럼에도 이런 신앙의 이력들이 하이패

스처럼 우울과 불안을 그냥 지나치도록 해주지는 않더군요. 힘든 상황 앞에 신앙이 도움이 안 된다는 말이 아니라 신앙인도 예외가 없다는 뜻입니다. 필요하다면 정신과 진료를 받아야 하며 특히 교회 공동체에서는 이를 색안경 끼고 보지 않도록 주의해야 합니다. 믿음의 여정을 걷다 보면 누구나 우울과 불안 그리고 절망을 경험하기 때문입니다.

덴마크 철학자 키에르케고르는 절망을 죽음에 이르는 병이라 말했습니다. 문자적으로 절망은 내일이 보이지 않는 현실 때문에 모든 희망이 끊어진 상태를 말하죠. 키에르케고르가 정의하는 절망은 나아가 신과의 바른 관계성을 잃어버린 상태입니다. 여기서 우리는 절망의 역설을 발견합니다. 분명 절망은 죽음에 이르는 병이지만 동시에 인간으로 하여금 구원을 갈망하도록 하는 계기가 되기 때문입니다.

예수님의 눈물

"너무 축 처져 있지 마. 세상엔 더 힘든 사람들도 많은데 뭘." "그리스도인이 긍정적으로 생각해야지. 기도하면 다 괜찮아질 거야." "걱정 마. 이제라도 신앙생활 똑바로 하면 돼."

제 경험상 이런 위로들은 하나도 마음에 닿지 않더군요. 오히려 화를 돋우는 기름처럼 느껴졌습니다. 때론 경건한 신앙의 언어가 누군가에게는 비수처럼 꽂힌다는 사실을 기억해야 합니다. 혹시 주위에 아파하는 사람이 있다면 섣불리 그들의 의지나 믿음이 약하다고 판단해서는 안 됩니다. 또한 막연히 기승전기도와 같이 영적인 문제로 환원시키지 않도록 주의해야 합니다.

요한복음 11장에는 예수님께서 나사로를 다시 살리신 사건이 나옵니다. 그 본문을 읽을 때 대체로 우리의 관심은 나사로를 살린 기적에 있습니다. 그러나 저는 다른 곳에 더 눈길이 갑니다. "나사로야 나오너라!" 잠시 후면 예수님의 외침과 함께 죽은 나사로가 무덤에서 나올 것입니다. 그럼에도 예수님은 나사로의 죽음 앞에 슬퍼하는 마리아와 사람들을 보시고 그 자리에서 함께 아파하며 눈물을 흘리셨습니다.

예수님은 참 하나님이시며 동시에 참 인간이십니다. 성숙한 신앙인이 된다는 것이 뭘까요? 고상한 종교적 언어를 내뿜기 이전에 먼저 사람 냄새 풍기는 모습이 아닐까 생각합니다. 인간의 절망 앞에 격동하셨던 우리 예수님처럼 말이죠.

"주님, 화려하고 주목받는 자리보다 그 눈물이 깃든 발걸음을 저도 끝까지 따르게 해주세요."

나의 아픔에 가장 먼저 손 내미시는 분
나의 슬픔에 가장 많이 아파하시는 분
예수님, 나의 아버지.
그 마음을 닮기 원합니다.

나의 최선을 드립니다

서커스단의 코끼리 이야기를 아시나요? 서커스단에서는 어린 코끼리를 잡아오면 뒷다리에 쇠사슬을 채워 튼튼하게 박힌 말뚝에 묶어놓는다고 합니다. 그러면 처음에는 격렬하게 저항하지만 얼마 있지 않아 포기하게 됩니다. 왜냐하면 아무리 발버둥 쳐도 벗어날 수 없다는 걸 알았기 때문입니다. 불행하게도 어린 코끼리는 성체(成體)가 되어서도 쇠사슬을 벗어나지 못합니다. '무슨 짓을 해도 벗어날 수 없다'는 생각이 각인되었기 때문이죠. 이러한 현상을 학습된 무기력(learned helplessness)이라고 부릅니다. 그런데 학습된 무기력은 비단 코끼리만의 문제가 아닙니다. 우리 인간도 피할 수 없는 힘든 환경에 지속적으로 노출되면, 자신의 힘으로 극복할 수 있는 상황임에도 쉽게 포기해버립니다.

제가 스무 살이 되던 해인 2003년, 자기계발 분야에 한 획을 그은 《아침형 인간》(한스미디어, 2003)이 출간되었습니다. '아침을 지배하는 사람이 성공한다'는 책의 모토는 기독교인에게도 큰 영향을 주었습니다. 책에서 강조하는 새벽 5시가 새벽 기도 시간과도 맞닿아 있기 때문이죠. 그래서 기독교 서점 매대에도 일반 서적으로 분류되는 《아침형 인간》이 놓여 있었습니다.

확실히 아침 시간을 잡으면 하루의 시작이 새롭습니다. 새벽 기도로 끌어올린 영성은 고요한 아침의 거리를 보면서 감사를 고백하게 합니다. 맥도날드에 들러 하루 계획을 세우며 고소한 맥모닝을 한 입 베어 물면 '그래, 이게 아침을 깨운 자만이 누릴 수 있는 특권이지'라는 자부심까지 느껴집니다. 그런데 몇 시간 지나지 않아 심각한 부작용이 나타납니다. 점심 이후부터 급격하게 피로가 몰려오며 집중력 또한 현저하게 떨어집니다. 결국 올해도 신년 목표였던 아침형 인간, 미라클 모닝은 그렇게 작심삼일로 끝나고 맙니다.

동굴에 들어가다

신학교 시절 3P자기경영연구소 강규형 대표를 통해 셀프리더십에 입문했습니다. '어떻게 하면 시간관리, 학업관리, 업무관리, 지식관리, 건강관리를 통합적으로 잘 할 수 있을까?'를 고민하던 시기에 접한 자기 경영 이론은 혁신 그 자체였습니다. 매일 아침 두꺼운 바인더에 하루 일정, 주간 계획을 세밀하게 기록하며 치열한 자기 경영을 실천했습니다.

그런데 어느 순간부터 바인더를 펴는 일이 고역처럼 느껴졌습니다. 바인더에는 매일 그리고 매주 일정을 평가하는 피드백 항목이 있습니다. 문제는 컨디션이 떨어질 때마다 예정했던 계획을 취소해야 했기에 부정적인 피드백이 점차 늘어났습니다. 그렇게 성취보다 실패로 너 얼룩진 바인더를 보고 있으면 그동안의 노력까지 부정당하는 기분이 들었습니다.

'거 봐, 내 인생에서는 계획이나 목표가 무의미해.'

'노력하면 뭐해, 어차피 다 물거품이 될 텐데…'

솔직히 어떨 때는 인생의 청사진 따위는 버리는 게 그나마 스트레스와 압박에서 벗어날 수 있는 현실적인 대안으로 보이기도 했습니다.

"남자는 갈등이 생기거나 고민거리가 있으면 자신만의 동굴에 들어가 생각한다." 존 머레이의 《화성에서 온 남자 금성에서 온 여자》(동녘라이프,2004)에 나오는 문장입니다. 저도 결혼을 준비하며 일주일 남짓 동굴에 들어간 적이 있습니다. 저를 동굴로 소환한 질문은 이것입니다. '지금 싱글의 삶도 이리 버거운데 과연 추가로 주어지는 남편, 사위, 아버지의 역할을 감당할 수 있을까?' 냉혹한 현실과 과거 실패 사례들을 직면하니 두려운 마음이 컸고 감당할 자신도 점점 줄어들었습니다.

그렇게 일주일을 동굴에서 이상과 현실의 괴리에 몸부림쳤지만 끝내 직진하기로 마음을 굳혔습니다. 이유는 간단했습니다. 현실에 굴복하여 여기서 유턴한다면 분명 훗날 두고두고 후회할 것 같았습니다. 무엇보다 이 결정이 지금껏 걸어온 그리고 앞으로 나아갈 믿음으로 사는 삶에도 부합한 것이었습니다.

옷자락을 잡는 믿음으로

"여보 일어나서 점심 챙겨야지요."

아내는 저에게서 오전 내내 연락이 없으면 회사에서 기상 전화를 걸어옵니다. 불면증에 시달리다 아침에 아이 등원까지 챙기고 잠이 들면 낮 12시를 넘겨 일어날 때가 많기 때문입니다.

예전에는 '어휴… 남들은 벌써 오전 업무 마치고 여유롭게 커피까지 즐기고 있을 시간인데, 난 이게 뭐람.' 하며 하루를 깊은 패배감과 함께 시작할 때가 많았습니다. 그러나 언제부턴가 자신을 몰아세우는 채찍을 더 이상 들지 않기로 했습니다. 할 수 없는 일에 대한 채찍질은 자극이 아닌 학대이기 때문입니다. 그저 '요즘 컨디션이 많이 떨어졌나 보구나. 부드러운 죽으로 속을 좀 달래고 일과를 시작해야지.' 이렇게 불필요한 엄격함을 내려놓고 나의 결핍을 끌어안기로 했습니다. 참고로 소설가 이외수 씨도 낮 12시가 넘어서야 일어나는 오후형 인간이라고 하네요. 어쨌든 물리적인 시간보다 몰입이 더 중요하다는 긍정의 마인드로 서재에 들어섭니다. 비록 남들에 비해 생산성은 많이 떨어지지만 상관없습니다. 오늘 내가 할 수 있는 최선의 독서, 최선의 글쓰기, 최선의 설교 준비에만 집중하면 되니까요.

마가복음 5장에 혈루증을 앓는 여인이 등장합니다. 혈루증이란 쉽게 말해 만성 자궁출혈을 의미합니다. 그녀는 지난 12년 동안 당시 용하다는 의사를 모두 찾아다녔지만 아무 소용이 없었습니다. 치료비로 가진 재산을 모두 날렸지만 상태는 더 악화됐습니다. 그런데 어느 날 예수님께서 동네를 지나신다는 소문을 들었습니다. 당일이 되자 역시나 많은 사람이 예수님을 에워쌌지만 그녀는 포기할 수 없었습니다. 필사적으로 예수님의 옷자락을 잡았고 그 순간 깨끗하게 치유를 받았습니다.

그뿐 아니라 주님께서는 "딸아, 네 믿음이 너를 구원하였다"라며 그녀를 하나님 나라의 가족으로 삼아주셨습니다.

기독교 고전으로 불리는 오스왈드 챔버스 목사님의 《주님은 나의 최고봉》(토기장이, 2015)이라는 책이 있습니다. 원제목인 *My Utmost For His Higest* 를 직역하면 '최고의 주님을 위한 나의 최선'이라는 뜻입니다. 혈루병 여인은 최고의 주님 앞에 자신의 최선을 드렸습니다. 세상에서는 그 최선이 배신으로 돌아왔지만 주님은 그 가녀린 손길에 담긴 고백을 오롯이 받으셨습니다. 저는 이 극적인 사건을 묵상하며 오늘도 내 안에 계신 그분께 나의 최선을 드립니다.

가장 위험한 바이러스

"빵이 없으면 케이크를 먹게 하세요!"

이 유명한 망언은 18세기 프랑스혁명 당시 마리 앙투아네트가 한 말로 알려져 있습니다. 당시 프랑스 사회는 루이 16세의 실정으로 극심한 신분 양극화에 시달리고 있었습니다. 평민들은 먹을 빵이 없어 굶어죽는데 왕실과 귀족들의 호화스러운 사치는 멈출 줄 몰랐습니다. 그리고 이때 마리 앙투아네트가 내뱉은 망언은 민중의 분노에 불을 붙이는 도화선이 됐습니다.

하지만 훗날 역사학자들에 의해 이 망언이 마리 앙투아네트가 한 것이 아니라고 밝혀졌습니다. 해당 발언은 18세기 프랑스 사상가 장 자크 루소의 회고록에 처음 등장합니다. 그는 회고록에서 1740년에 있었던 일을 회상하며 문제의 발언을 언급하니다. 그러나 마리 앙투아네트는 15년 뒤인 1755년에 태어났습니다. 결국 우리가 알고 있는 망언은 그녀와 전혀 상관으며, 아마도 당시 정치적 반대세력에 의해 만들어진 가짜 뉴스일 가능성이 큽니다.

오늘날은 어떤가요? 여전히 전 세계는 가짜 뉴스와 전쟁을 치르는 중입니다. 가짜 뉴스의 심각성은 그것이 단순 풍문을 넘어 공동체의 안녕을 위협하는 반사회적인 범죄로 이어진다는 데 있습니다. 오죽했으면 〈JTBC 뉴스룸〉에서는 2014년부터 '팩트체크'라는 코너를 만들어 항간에 떠도는 소문이나 가짜 뉴스를 검증하기도 했습니다.

한걸음 더 나아가 여러 국가에서 가짜 뉴스로 인한 사회적 혼란을 막기 위해 가짜 뉴스 처벌법을 마련하고 있는데, 그중에서 가장 강력하게 시행하고 있는 나라가 독일입니다. 독일정부는 페이스북이나 트위터 등 SNS에 가짜 뉴스와 같은 위법성 게시물이 올라왔을 경우, 이를 소셜네트워크 사업자가 24시간 내에 삭제하지 않으면 최대 700억 원의 과태료를 부과하고 있습니다.

만병통치약의 결말

〈공인되지 않은 치료 방법, 약품, 정보성 게시글 금지. 건강식품,
보조식품, 영양제 등의 홍보 및 사용기 금지.〉

크론 환우회 카페 최상단에 걸려 있는 공지사항입니다. 그간
검증되지 않은 민간요법과 건강식품을 홍보하는 글이 잦았나 봅
니다. 처음 병을 진단받으면 아무래도 사전 지식이 없다 보니 대
부분 시행착오를 겪습니다.

건조한 분위기의 진료실에서 우울한 소견만 듣다가 드라마틱
한 치료를 보장하는 정보를 들으면 그곳으로 마음이 기울기 쉽
죠. 문제는 이렇게 검증되지 않은 방법에 매달리면 향후 심각한
후폭풍에 시달리게 된다는 겁니다. 저 역시 그랬거든요. 크론병
을 진단받고 몇 개월이 안 됐을 때 아버지께서 밖에서 뭔가를
가지고 오셨습니다.

1리터가 넘는 투명 페트병에 누런 액체가 담겨 있기에 얼핏
보고 호박식혜인 줄 알았습니다. 그런데 그 누런 액체의 정체는
다름 아닌 효소액이었습니다. 알고 보니 아버지께서 신문 광고
를 보고 주문한 제품입니다. "대장암 환자도 그 효소를 꾸준히
복용했더니 암덩어리가 뿌리째 변으로 나왔다"라고 하시며 제

염증에도 분명 좋을 거라고 하셨습니다.

옛날 판소리 명창들이 '득음'하기 위해 똥물까지 마셨다는 이야기를 들은 적이 있는데 맙소사, 아버지께서 가져온 효소액은 거의 똥물이나 다름없었습니다. 대체 뭘 발효시켰는지 한 손으로 코를 틀어막고 숨을 쉬지 않고 들이켜야 겨우 한 컵을 비울 수 있었습니다. 과연 효과가 있었을까요? 이 글을 끝으로 다시는 기억하고 싶지 않은 그 효소액은 뒤끝까지 어마어마하게 구렸습니다. 왜냐하면 그 해 가을, 병이 악화되어 결국 수술대에 올라야 했으니까요.

잊혀진 제자도

코로나19 사태를 겪으며 한국교회 또한 가짜 뉴스로 홍역을 앓았습니다. 2020년 10월 A선교회가 운영하는 센터에서 대규모 집회가 열렸습니다. 당시는 사회적 거리두기 2단계 시행으로 50인 이상 집회가 금지된 시점이었습니다. 하지만 센터에는 약 3,000명의 참가자가 모였으며 이 집회에서 발생한 집단감염이 이후 전국적인 대규모 감염사태를 불러왔습니다. 그뿐만 아니라 확진자 중 상당수가 코로나19 진단 검사와 역학조사를 거부하는 등 방역에 큰 걸림돌이 되었습니다.

대체 왜 이런 상식 밖의 행동이 일어난 것일까요? 그 실마리를 A선교회 대표의 발언에서 발견할 수 있습니다. 그는 코로나19가 발생한 이후에도 줄곧 여러 강연에서 이렇게 주장했습니다. "코로나는 빌 게이츠 프로젝트이며 백신으로 DNA를 조작해 세계 시민을 노예로 만들려고 한다." 일반 사람이 들으면 정말 어처구니없고 황당무계한 주장이지만 안타깝게도 선교회 내부에서는 이러한 가짜 뉴스가 마치 진리처럼 통용되고 있었습니다.

언젠가 인터넷에서 기독교를 풍자하는 만화를 본 적 있습니다. 어느 목사가 교회에 처음 나온 사람의 머리에서 뇌를 꺼내며 이렇게 말합니다. "교회에 오신 것을 환영합니다. 이제 이건(뇌) 필요 없을 겁니다." 단 한 컷으로 표현된 이 만화는 기독교의 '반지성주의'를 신랄하게 비판했습니다. 요즘 밀로 팩트 폭행이라 부르지요. 어쨌든 반지성주의란 쉽게 말해 '따지지 말고 믿어라', '의심하는 신앙은 곧 불신앙이다'라고 가르치는 교회의 행태입니다.

코로나 시국을 지나며 이제 교회 밖의 사람들은 신천지나 정통교회나 다를 게 없다고 말합니다. 그런 인식을 접할 때 '우리 교회는 달라요'라고 보호막을 치기보다 무엇이 교회다움을 잃게 만들었는지 뼈아프게 돌아봐야겠습니다.

특히 어느덧 미전도 종족이 되어버린 젊은 세대와 소통하기 위해 그간 창고에 박아두었던 '지성의 제자도'를 다시 꺼내와야 합니다. 복음 앞에서 청춘의 질문과 인간의 실존을 놓고 함께 씨름하는 그런 교회를 꿈꿀 때, 개독교라 불리며 혐오의 집단으로 전락해버린 교회를 주님께서 다시 라이트하우스 곧 진리의 등대로 쓰실 것입니다.

왜 하필 저입니까?

본격적인 투병 생활이 시작되자 아이러니하게 싸움의 링으로 소환된 대상은 크론병이 아닌 하나님이었습니다.

"왜 하필 저입니까?"

앉지도 눕지도 못하는 극한의 통증이 몰려올 때면 마음속으로 하나님께 소리치고 또 소리쳤습니다.

저를 진짜 힘들게 했던 건 사실 질병이 아닌 하나님에 대한 배신감이었습니다. '모태신앙이자 개척교회 목사의 아들로 그동안 얼마나 고생하며 성실하게 하나님을 섬겼는데 어떻게 나한테 이러실 수가 있지?' 처음으로 신앙의 뿌리가 송두리째 흔들리는 영적 회의를 경험했습니다.

"할 수 있다. 하면 된다. 해보자~ 믿는 자에게 능치 못함이 없으리라~."

당시 교회에서 자주 부르던 이 긍정의 찬양은 저의 영적 DNA
나 마찬가지였습니다. 앞으로 내 인생은 잘 되고, 만사형통, 꽃길
만 걸을 것으로 생각했는데 그와는 정반대로 듣도 보도 못한 희
귀병에 걸려버렸으니 그 혼란과 충격은 쉽게 수습이 되지 않았
습니다.

"하나님께서 다 크게 쓰시려고 그러는 거다."

넋이 나간 표정으로 한숨만 내쉬던 제게 아버지는 위로를 건
네셨지만 오히려 그 말 때문에 부자 사이는 한동안 냉랭했습니
다. 물론 돌아보면 그 과정마저 하나님의 계획 안에 있었지만 당
시 저에게는 공허한 종교적 수사처럼 느껴졌습니다. 솔직히 그런
뉘앙스의 말을 들을 때면 위로를 받기보다 마음속에 분노만 더
들끓었습니다.

이제부터 삐뚤어질 테야

홍수로 급격히 불어난 댐처럼 내면의 회의와 분노는 마침내
걷잡을 수 없이 터져버렸습니다. 믿음의 대상이 증오로 바뀌고,
믿었던 내용마저 증발해버리니 더 이상 거리낄 게 없더군요. 특

히 그동안 신앙으로 억눌렀던 청춘의 피가 용암처럼 솟구치기 시작했습니다. 고등학교 수련회 때 회심을 경험한 이후로는 줄곧 율법주의+금욕주의 노선을 추구하며 살아온 저는 술과 담배는 당연히 입에 대지 않았고 주말마다 열리는 술자리도 가지 않았습니다. 이성 교제 또한 분명한 선을 지켰습니다.

하지만 돌아보니 그렇게 애쓰고 지킨 세월이 너무 아깝고 억울했습니다. 솔직히 자유분방한 친구들의 모습을 보며, 동경까지는 아니지만 내심 부러운 마음이 적지 않았기 때문이죠. 그래서 뒤늦은 일탈에 뛰어들기로 결심했을 때 조금의 주저함도 없었습니다. 단지 친구들에게는 갑자기 달라진 모습을 보이기 싫어 당시 유행하던 인터넷 메신저로 만남을 가졌습니다.

늦은 저녁, 호프집에서 술잔을 기울였고 이성 간에 오가는 야릇한 분위기를 안주 삼아 마음껏 즐겼습니다. 그러한 만남이 지루해질 때면 클럽으로 무대를 옮겼습니다. 이때 태어나서 처음으로 발 들인 클럽은 문화충격 그 자체였습니다. 화려한 조명이 감싸는 무대 위에서 자극적인 눈빛과 속삭임을 주고받으니 왜 사람들이 클럽에 열광하는지 몸소 실감하게 되더군요.

그렇게 약 10개월의 시간을 방황하던 중 뒤늦은 일탈에 마침표를 찍는 순간이 찾아옵니다. 어느 날 집에서 TV를 보는데 이전에 경험하지 못한 격한 통증이 느껴졌습니다. 숨을 쉬기 어려울 정도의 고통이 계속되자 응급상황임을 직감하고 어머니께 구조요청을 했습니다. 즉시 인근 병원으로 옮겼지만 며칠이 지나도 통증이 가라앉지 않았습니다. 결국 앰뷸런스를 타고 서울 아산병원 응급실로 갔고 장 천공(염증이나 궤양으로 장에 구멍이 뚫리는 증상) 진단을 받아 즉시 수술대에 오르게 되었습니다.

하나님의 메가폰

수술을 마치고 회복실에서 깨어나니 온 신경을 짓누르는 지옥 같은 통증이 기다리고 있었습니다. 이미 임신부가 맞는 무통주사를 달고 있었지만 아무런 효과가 없었습니다. 나중에 들어보니 소장과 대장은 염증으로 1미터 가량을 절제했고 조금만 늦었으면 급성 복막염까지 발생할 수 있는 위중한 상태였습니다. 그렇게 3일 정도 온종일 침대에 묶여 고통 속에 하나님을 원망했습니다. "내가 뭘 그렇게 잘못했기에 이리도 가혹하시나…."

그런데 며칠 후 하나님께서 병상으로 찾아오셨습니다. 수술 후 2인실을 쓰고 있었는데 옆자리 면회객으로 어느 목사님께서 방문하셨습니다. 침상이 가까이 있어, 목사님과 어머니는 자연스레 대화를 나누셨고 젊은 청년이 병상에 있게 된 사연을 듣자

잠시 기도를 해주겠다고 하셨습니다. 이어서 기도를 받는데 지금도 무슨 내용인지는 기억나지 않지만 두 눈에서 뜨거운 눈물이 하염없이 쏟아졌다는 것만은 분명히 기억합니다. 신비하게도 그 사건을 통해 하나님을 향한 증오와 원망도 눈 녹듯이 사라졌습니다. 그리고 퇴원에 앞서 목회자로의 부르심까지 발견하게 하셨습니다.

미국의 46대 대통령 조 바이든의 책상 위에는 조그만 액자 하나가 놓여 있습니다. 이 액자에는 미국 유명 작가 딕 브라운이 그린 〈공포의 해이가르〉가 담겨 있습니다. 거칠지만 가정적인 바이킹 해이가르는 어느 날 자신이 탄 배가 폭풍 가운데 벼락을 맞고 좌초되자 하늘을 향해 신을 원망하며 외칩니다. "왜 하필 저입니까?(Why me?)" 그러사 신은 이렇게 되묻습니다. "왜 넌 안 되지?(Why not?)"

액자에 담긴 사연은 이렇습니다. 바이든은 1972년 상원의원이 되던 해에 교통사고로 아내와 딸을 잃게 됩니다. 게다가 남은 두 아들마저 큰 부상을 입자 그는 하나님을 원망하며 깊은 슬픔에 빠집니다. 이때 그의 부친 조셉 바이든 시니어가 그를 위로하며 건넨 것이 바로 그 액자입니다. 바이든은 그 만화를 통해 '불행은 누구에게나 언제든지 찾아올 수 있다'는 메시지를 깨닫고

절망에서 일어섭니다. 그는 "이 만화는 필요할 때마다 나를 겸손하게 만든다"라고 고백합니다.

C.S. 루이스는 "고통은 귀먹은 세상을 깨우기 위한 하나님의 메가폰"이라 말했습니다. 그동안 교회는 복과 번영에 대해서는 많이 강조해온 반면 고통의 문제는 그다지 비중 있게 다루지 않았습니다. 그 결과 고난에 직면했을 때 쉽게 쓰러지고 타인의 아픔에도 무감각한 유약한 신앙을 양산했습니다. 견고한 믿음의 뿌리를 내리려면 단단한 맷집과 고통의 면역력을 함께 키워야 합니다. 그러기 위해 모두가 고난 중에 부르짖는 시편 기자들의 무수한 탄원시를 더 절실하게 붙잡았으면 좋겠습니다.

아빠 어디 가

돌아보면 여행다운 여행을 가본 기억이 잘 나지 않습니다. 초등학교 5학년 때 부모님이 교회를 개척하신 후로는 더욱 그렇습니다. 주말이 시작되는 금요일 저녁부터 일요일 오후 그리고 각종 공휴일에는 늘 교회 스케줄이 우선이었습니다. 그런데 제가 스무 살이 되던 해의 어느 날 느닷없이 가족여행을 떠나게 되었습니다. 지역 일간지에 실린 한 광고에 부모님의 마음이 확 꽂힌 것이죠.

당시 충남 태안에 위치한 안면도에서 세계 꽃박람회가 열리고 있었는데 '왕복 버스비+불고기정식+박람회 입장권까지 1인당 무려 19,900원'이라는 특가가 뜬 것입니다. "와, 이거 왕복 교통비도 안 되는 금액이잖아." 요즘 말로 초가성비 상품이었던 셈이지요.

순진한 저희 가족은 그 광고만 믿고 설레는 마음으로 여행 당일 관광버스에 올랐습니다. 하지만 십여 분 후 이 여행상품이 왜 특가일 수밖에 없는지를 온몸으로 느꼈습니다. 당시 뉴스를 보면 관광버스 안에서 벌어지는 광란의 춤판을 고발하는 내용이 나왔는데 오 마이 갓! 저희가 탄 차가 바로 그 광란의 버스였습니다. 마이크를 잡은 인솔자의 소개가 끝나기 무섭게 고막을 폭격하는 뽕짝 메들리가 울려퍼지기 시작했습니다. 이어서 아주머니들이 통로로 나와 육중한 몸매를 흔들어대는데 거짓말이 아니라 앉아있는 좌석이 흔들릴 지경이었습니다. '그래, 출발하는 시간이니 분위기가 달아올랐나 보구나.' 속으로 쿨하게 생각했지만 불행하게도 광란의 춤판은 돌아오는 시간까지 멈출 줄 몰랐습니다. 그뿐만이 아니었습니다. 점심은 기대보다 부실했고 이후에는 예정에 없던 불법 건강식품 강연회를 들어야 했습니다. 그럼에도 이 경험은 제 기억 한편에 소중한 여행으로 남아 있습니다. 여행 자체만 놓고 보면 실망스러운 수준이었지만 낯선 곳에서 가족과 함께 보낸 시간이 추억으로 쌓였기 때문일 겁니다.

같이 눈사람 만들래?

채린이가 두 돌이 되어가던 무렵의 일입니다. 지금도 저의 체력은 정상인의 60% 정도밖에 되지 않지만 당시에는 더 좋지 않았습니다. 아침에 아이를 등원시키고 나면 점심 때까지 침대를 벗어나지 못했으니까요. 느지막이 일어나 씻고 점심을 챙기면 어느새 시간은 오후 2~3시가 넘어갑니다. 그래서 평일에는 어머니가 하원 시간에 맞춰 오셔서 아이를 돌봐주고 저녁까지 챙겨 주셨습니다.

뒤늦게서야 서재에서 일을 보고 있으면 퇴근한 아내가 집에 도착합니다. 아내가 저녁을 먹는 15분 남짓 되는 시간 동안 아이와 놀아주는 게 평일에 아이와 보내는 시간의 전부입니다. 참고로 우리나라 아빠들이 자녀와 보내는 시간은 절대적으로 부족한 상황입니다. 한 통계를 보니 OECD 국가 평균의 8분의 1 수준인 6분에 해당되더군요.

'같이 눈사람 만들래? 제발 좀 나와 봐~ 아빠를 만날 수 없어~ 같이 놀자~ 나 혼자 심심해~' 〈겨울왕국〉의 어린 안나처럼 토요일 아침이면 채린이가 방문을 두드려댑니다. 평일에 아빠와 놀 시간이 부족하니 더 힘껏 두드립니다. 어떨 때는 울먹이며 "아빠 나랑 놀자~"라고 부르짖습니다. 하지만 아빠의 서재는 도무지 열리지 않습니다. 토요일은 목회자에게 가장 분주한 날이니까요. 주보 제작, 예배 및 설교 준비만 해도 하루가 모자랍니다. 애석하지만 일요일에도 아빠는 여전히 바쁩니다. 오후 소그룹 모임까지 마치고 집에 돌아오면 아빠는 곧장 침대에 널브러집니다. 마음 한편에는 한 주간 직장 스트레스에 시달린 아내를 위해 외식도 한 끼 하고 싶고, 채린이를 위해서 키즈카페라도 가고 싶지만 이미 바닥난 체력 때문에 손 하나 까딱할 힘도 없습니다.

다시 아버지로 태어나다

그러던 중 아빠의 자리에 대한 근원적인 질문과 맞닥뜨리게 된 계기가 있었습니다. 2014년에 개봉한 〈세자, 옥한흠〉이라는 영화가 그것입니다. 영화의 주인공은 사랑의교회 옥한흠 원로 목사입니다. 그는 한국 개신교에서 한경직 목사 이후로 가장 존경받는 인물로 알려져 있습니다. 현재도 광인론이라 불리는 그의 제자훈련 철학은 많은 목회자와 교회에 큰 영향을 주고 있습니다. 영화에서 제가 눈물을 참지 못했던 장면은 마지막 하관예배였습니다. 예배를 앞두고 유족인 김영순 사모님과 세 아들은 옥 목사님의 영정 사진을 들고 사진 촬영을 했습니다. 차남 옥승

훈 씨는 그 모습이 의아하게 비칠 것을 예상했는지 이렇게 말했습니다. "아버지의 관을 뒤로 하고 무슨 기념사진을 찍느냐는 분들이 있을 텐데 평생토록 교회 일에 바쁘셨던 아버지였기에 우리에겐 가족사진 하나가 없습니다. 결국 고인이 되신 지금에서야 영정 사진을 들고 처음이자 마지막으로 가족사진을 찍는 것이니 양해해주십시오."

몇 해 전 뇌리에 깊이 박혔던 그 장면이 문득 떠올라 "아빠 놀아줘~"라고 울먹이는 채린이의 목소리가 절박하게 들리기 시작했습니다. 그 후 저희 집 주말 풍경은 180도 바뀌었습니다. 특별한 경우가 아니면 금요일까지 설교 준비를 마치고 토요일은 온전히 가족과 함께 보냅니다. 아내의 얼굴에 행복이 가득해졌고 채린이는 아빠와의 시간을 만끽했습니다.

《딸에게 보내는 굿나잇 키스》(열림원, 2015)라는 책이 있습니다. 이 시대 대표 지성으로 불리는 이어령 교수의 에세이입니다. 그는 자신을 찾는 곳이 많았기에 늘 시간을 쪼개어 가며 분주한 삶을 살았습니다. 늦은 밤까지 서재에서 글을 쓰고 있으면 어린 딸이 문을 열고 "아빠, 굿나잇!" 하며 인사했지만 그는 뒤돌아보지 않은 채 그저 손만 흔들며 "굿나잇, 민아"라고 건성으로 대답했습니다. 2012년, 딸 이민아 목사를 암으로 먼저 떠나보낸 후 생전 30초의 굿나잇 키스도 건네지 못한 것을 평생 한으로 간직

해야 했습니다. 이어령 교수의 그 고백은 아빠로서의 저를 제2의 회심으로 이끌었습니다. 이제는 글을 쓰더라도 서재 문을 항상 열어두고, 채린이가 다가오면 키보드에서 손을 떼고 의자를 돌려 눈을 맞추며 대화를 나눕니다. 그리고 새벽에 회장실을 디녀올 때면 잠든 딸의 볼에 한 번이라도 더 굿나잇 키스를 해주려 애쓰고 있습니다. 끝으로 다짐해 봅니다. 비록 박수 받는 성공한 목사로 남지 못하고 에너자이저 같은 짱짱한 아빠가 되지는 못하더라도 평생토록 기억될 우리만의 이야기를 만들어주겠노라고.

아침에 주의 인자하심이 우리를 만족하게 하사 우리를 일생 동안 즐겁고 기쁘게 하소서 시편 90:14, 개역개정

기적을 좇는 사람들

크론병을 진단받고 처음으로 행했던 종교 의식은 금식 기도입니다. 복음서에 보면 예수님께서 광야에서 40일을 금식하며 마귀의 시험을 이겨내십니다. 이처럼 경건의 훈련을 위해 금식에 임하는 신자들도 있지만 상당수는 절박하고 간절한 문제를 해결 받기 위해 금식 기도에 들어갑니다.

저는 일찍이 초등학교 3학년 때 무려 3일 금식 기도를 완수한 경험이 있습니다. 자처한 것은 아니고 부모님의 영향 때문입니다. 초등학교 3학년이 무슨 인생의 큰 문제가 있다고 9끼를 굶어가며 기도하겠습니까? 물론 부모님도 사연은 있었습니다. 당시 저는 ADHD(주의력결핍 과잉행동장애)까지는 아니었지만 상당히 번잡스러운 성격이었습니다. 그래서 부모님은 저의 산만한 성격이 고쳐지기를 바라는 마음으로 버스를 태워 혼자서는 돌아올 수 없는 시외의 한적한 기도원으로 보내셨습니다. 기도원의 시계는 국방부 시계만큼이나 더디게 갔고 72시간의 기아체험 같았던 금식은 난생처음 일용할 양식의 위대함을 깨닫게 해주었습니다.

어쨌든 그 후로 거의 10년 만의 금식입니다. 이제는 성인이 되었기에 누구의 강요가 아닌 스스로 선택한 금식입니다. 어떤 이는 한 끼만 굶어도 현기증이 난다던데 저는 이상하게 배가 고프지 않았습니다. 정확하게는 배고픔보다 '하루아침에 왜 내 처지가 이렇게 되었나?'라는 영적인 허기가 더 컸기 때문입니다.

사실 금식 기도의 초점은 금식보다 기도에 있습니다. 정밀한 검사를 위해 위나 장을 비우는 것처럼 기도에 집중하기 위해 음식을 낳고 가난한 마음으로 하나님 앞에 엎드리는 것이죠. 그런데 간절한 기도가 나오지 않았습니다. 남들처럼 "하나님 저 좀 고쳐주세요!"라는 기도가 터져 나와야 정상인데 '왜 하나님이 나한테 이러시지?', '대체 내가 뭘 그리 잘못을 했나?'라는 의구심만 머릿속에 가득했습니다.

인터넷 검색창에 '금식 기도원'이라고 치면 전국에 포진된 수십여 곳의 정보가 나옵니다. 그중에 단연 치유의 성지로 불리는 곳이 있는데 바로 '오산리 최자실 기념 금식 기도원'입니다.

2006년 어느 날 서울에서 진료를 마치고 오산리 기도원으로 향했습니다. 도착해보니 역시 명성에 걸맞게 웅장한 스케일을 자랑했습니다. 12만 평의 대지 위에 14개의 예배당이 있었고 하루에 4차례씩 집회가 열리고 있었습니다. 4,000명을 수용할 수 있는 대예배당에 들어서니 뭔가 엄숙한 분위기에 압도되는 기분이었습니다. 평소 예배드리던 교회에서는 웃음과 화기애애한 표정들을 볼 수 있었지만 기도원에서는 그런 분위기를 찾아보기 힘들었습니다.

주위에 둘러앉아 있는 사람들의 표정을 보면 한결같이 어둡고 무거웠습니다. 지극히 당연합니다. 평일에 일상을 멈추고 외진 기도원을 찾을 정도면 얼마나 큰 문제를 안고 왔겠습니까? 특히나 저와 같이 질병의 문제를 안고 온 분이 많았습니다. 예배당 맨 앞좌석에는 휠체어를 타거나 목발을 짚으신 분, 한눈에 봐도 불치병이나 각종 암으로 투병 중인 중증 환자들이 보였습니다.

집회를 마치고 광장으로 나가면 300여 개가 넘는 개인 기도

실이 보였습니다. 겨우 한 사람이 들어갈 수 있는 공간으로, 은밀히 기도하기에 최적화된 장소였습니다. 그리고 기도원을 둘러싼 동산에서는 해가 밝을 때까지 울부짖는 사람들의 기도 소리가 끊이지 않았습니다. 그곳에서 누구는 일주일, 누구는 보름, 누구는 기약 없는 기간 동안 하늘의 음성을 기다립니다.

일상의 기적

'각종 암, 희귀난치병, 뇌졸중, 우울증, 불임, 기타 병원에서 고치지 못하는 병을 안고 계신 분들 꼭 오십시오. 기도와 상담을 통해 100% 치유와 기적이 일어납니다.'

오늘노 여러 기녹신문에 만병통치를 보장하는 광고들이 빼곡합니다. 지푸라기라도 잡고 싶은 그 절박함을 왜 모르겠습니까? 하지만 현실은 그러한 허위 광고에 속아 돈은 돈대로 날리고 몸은 이전보다 더 망가지는 경우를 많이 봤습니다.

어느 장로님이 주관하는 치유집회가 있습니다. 지금은 모르겠지만 한때는 매주 수천 명이 찾을 정도로 유명한 집회였습니다. "어떤 질병이든지 예수님께서 치유하실 수 있다는 믿음을 갖고 나오면 누구든지 치유받을 수 있다." 확신에 찬 강사의 가르침을 믿고 전국에서 수많은 사람이 몰려들지만 집회가 끝나면 대부분 어두운 낯빛으로 집회 장소를 빠져나갑니다. 그리고 돌아가는 차 안에서 깊은 공허함을 느낍니다.

'여전히 내 믿음이 부족하구나. 도대체 얼마나 기도해야 하나님께서 고쳐주실까?' 처음에는 기대에 찬 발걸음으로 향했지만 이후에는 믿음 없는 자신을 탓하며 더 깊은 신앙의 혼란과 침체를 경험합니다. 저는 하나님의 성품에 비추어 이러한 왜곡된 치유관에 큰 우려를 갖고 있습니다. 예를 들어 아이가 넘어져 피를 흘리고 있는데 더 크게 울며 부모의 도움을 구하지 않는다고 그냥 내버려둘 부모가 어디 있겠습니까?

오해하지 마십시오. 저는 오늘날 하나님의 치유를 부인하지 않습니다. 저희 교회는 주일예배 때마다 육체적 질병과 마음이 아픈 환자들을 위해 치유 기도를 드립니다. 다만 회복이 더디더라도 혹은 상황이 더 나빠지더라도 그것은 절대 불신앙의 증거가 아님을 말씀드립니다. 나아가 장차 임할 완전한 하나님의 나라를 소망할 것과 풀리지 않는 고난에도 하나님은 우리를 변함없이 사랑하심을 강조합니다.

가끔 자폐증이나 선천적 장애를 가진 친구들을 만날 때가 있는데, 아무래도 일반인보다 도움이 더 필요한 상황이라 부모의 사랑은 더 애틋하고 각별할 수밖에 없습니다. 저는 우리 하나님께서도 동일한 마음으로 환우들을 돌보신다고 믿습니다. 그분은 단번에 치유하는 기적을 베푸실 수도 있지만 그보다 끝까지 포기하지 않는 동행으로 우리 곁에 함께 계십니다. 기적은 멀리 있지 않습니다. 오늘도 나보다 나를 더 사랑하시는 그분의 자비가 매일의 삶에 기적이 아닐까요?

종말을 꿈꾸다

1992년 어느 늦은 밤, 서울 마포구의 한 건물에 사람들이 몰려들기 시작했습니다. 특이한 점은 남녀노소 할 것 없이 흰옷을 입었고 매우 흥분된 표정을 띠고 있었죠. 건물 입구에는 이 기묘한 장면을 촬영하기 위해 국내외 취재진들이 장사진을 쳤고, 만일의 사태를 대비해 경찰 인력까지 배치된 상황이었습니다.

기억나시나요? 1992년 10월 28일에 벌어졌던 그 유명한 시한부 종말론 휴거 소동입니다. 혹시 모르는 분들은 유튜브에서 '다미선교회'를 검색하면 당시의 생생한 영상을 볼 수 있어요. 이장림 씨가 이끌었던 다미선교회는 국내외 300여 개 교회, 최대 10만 명의 규모를 자랑했습니다. 일찍이 예수님의 재림 날짜를 못 박은 시한부 종말론을 설파했기에 교계에서는 이단 사이비로 분류가 됐죠.

그뿐만 아니라 가출, 탈영, 자살, 학업 포기, 직장 퇴사 등 수많은 가정파괴를 일으켰기에 큰 사회적 문제가 되었습니다. 어쨌든 당연하게도 그들이 주장하던 휴거는 일어나지 않았습니다. 교주 이장림 씨는 신도들의 재산 34여억 원을 가로챈 혐의로 구속되었고, 이후 다미선교회는 사실상 해체 수순을 밟았습니다.

안타까운 것은 이 사건을 기점으로 한동안 교회 안에 종말 신앙이 자취를 감춰버렸다는 것입니다. '미꾸라지 한 마리가 강물을 다 흐리게 한다'는 속담처럼 다미선교회가 불러온 파장이 워낙 컸기에 종말이라는 단어만 꺼내도 알레르기 반응을 일으키는 사람이 많았습니다. 성경에 기반한 건강한 종말론은 기독교 신앙의 핵심이건만, 그렇게 가르침이 줄어드니 당연히 종말의 중요성 또한 점차 흐려지기 시작했습니다.

삶과 죽음의 경계에서

저에게 종말은 비교적 친숙한 주제입니다. 성경이 가르치는 종말은 넓은 의미로 이 세상의 종말, 좁은 의미로는 개인의 종말인데 제가 자주 묵상하는 의미는 후자인 개인의 종말입니다. 멀리

서 찾을 필요 없이 배에 새겨진 선명한 수술 자국만 봐도 그렇습니다. 2006년에 받은 응급수술은 정말 아찔했습니다. 터진 장에서 새어나온 분비물이 다른 장기들을 침범했기에 급성 복막염까지 갈 뻔한 위중한 상황이었죠.

지난 6월 코로나19 백신을 맞았을 때가 생각나네요. 알다시피 백신 접종 후 사망 사례가 종종 헤드라인 뉴스를 장식했습니다. '이거 맞아야 해? 말아야 해? 노약자뿐 아니라 평소 건강하던 20~30대도 며칠 만에 숨졌다는데?' 솔직히 사망 기사를 접하며 기저질환자로서 느끼는 공포는 남달랐습니다. 그럼에도 백신의 안정성을 믿고 접종했으며 경미한 이상반응 외에 별다른 문제는 없었습니다.

몸의 전반적인 건강 상태 확인을 위해 지금도 1~2년 주기로 정밀 검사를 받고 있습니다. 여러 검사 중 장의 상태를 적나라하게 보여주는 대장내시경 검사 결과를 듣고 나올 때면 매번 마음을 추스르기가 참 어렵더군요. '남들 장은 죄다 매끈매끈하고 뽀얗더구만 어째서 내 장은 곳곳을 덮은 염증과 움푹 파인 궤양 그리고 좁아진 부위에 시뻘건 출혈투성이까지….'

약을 짓는 동안에도, 기차를 타고 내려오는 시간에도, 침대에 누워 잠을 청하는 순간까지 진료실에서 봤던 기괴망측한 사진의 잔상이 쉽게 떠나지 않습니다. 더욱이 크론병 환자는 대장암 발생 가능성이 일반인보다 10배나 높습니다. 초기엔 빨갛게 물든 변기를 볼 때마다 '이러다 정말 큰일 나는 거 아니야?'라며 잔뜩 겁에 질릴 때도 많았죠. 그렇게 죽음의 공포가 마음속에 휘몰아칠 때 고요히 종말을 묵상합니다.

종말을 살다

1849년 러시아 세묘뇨프 광장에 한 청년이 서 있습니다. 불행하게도 그는 국가로부터 반역죄를 선고받아 곧 총살을 앞두고 있었습니다. 사형집행관은 인생을 정리할 마지막 5분의 시간을 주겠다고 말합니다. 청년은 먼저 가족과 동료들을 위한 작별 기도에 2분을 썼습니다. 이어서 사신이 살아온 스물여덟 해를 돌아보는 데 2분을 썼습니다. 마지막으로 눈앞에 보이는 최후의 광경을 둘러보는 데 1분을 썼습니다.

그렇게 5분이 지나고 방아쇠가 당겨지기 직전 드라마틱하게도 사형을 취소하라는 황제의 명령이 들려옵니다. 죽음의 문턱에서 극적으로 살아 돌아온 이 청년은 바로 러시아의 대문호 도스토예프스키입니다. 그는 죽음을 직면한 후 삶이 완전히 변했습니다. 훗날 그가 《죄와 벌》, 《카라마조프가의 형제들》 같은 불후의 명작을 쓸 수 있었던 원동력도 사형대 위에서 체험한 최후의 각성에서 비롯된 것입니다.

인간은 죽음 앞에 섰을 때만이 진정 소중한 가치가 무엇인지를 깨닫게 됩니다. 지인이나 교인들의 장례식에 참석할 때 얻는 뜻밖의 유익이기도 하지요. 그런 의미에서 종말은 축복입니다. 아쉽게도 여전히 교회 안의 종말 신앙은 양극단으로 치닫고 있습니다. 종말을 오해하는 사람들은 온갖 음모론을 앞세워 하나님의 시간표를 앞당기려 하고, 종말을 망각하는 사람들은 이 세상이 전부인 것처럼 살아갑니다.

하지만 건강한 종말론은 현실에서 도피하게 만드는 것이 아니라 오늘을 충실하게 살게 합니다. 더불어 현세의 누림보다 죽음 이후의 영광스러운 삶과 주님의 재림을 통한 만물의 구속을 더 소망하게 만듭니다. 이것이 제가 종말을 묵상할 때 누리는 유익입니다. 덧붙여 그리스도인이라면 죽음의 문제에서 해방된 사람들이 아닙니까? 그러니 그날을 고대하는 환희와 소망으로, 신랑을 기다리는 신부의 떨림으로 오늘을 살아가면 어떨까요?

또 그 천사가 나에게 말하였습니다. "어린 양의 혼인 잔치에 초대를 받은 사람은 복이 있다고 기록하여라." 그리고 또 말하였습니다. "이 말씀은 하나님의 참된 말씀이다." 요한계시록 19:9, 새번역

목사님 죄송해요

"우리의 목자 되신 주님 오늘도 마음이 담긴 물질을 드립니다. 지난 한 주간 당신의 백성이 일터와 사업장에서 흘린 피와 땀과 눈물을 기억하옵소서. 특별히 코로나19로 인한 경제적 어려움이 계속되고 있습니다. 척박한 광야에서도 이스라엘을 40년 동안 먹이셨던 그 은혜를 기억하오니 동일한 채움과 돌보심으로 당신의 백성과 함께하옵소서. 예수 그리스도의 이름으로 기도합니다. 아멘."

요즘 매주일 헌금 기도가 절박해졌습니다. 코로나19 여파로 교우들의 가게 살림이 직격탄을 맞았기 때문이죠. 직장인들은 큰 변동이 없었지만 자영업자들은 매출의 반 토막은 기본이고 폐업까지 생각하는 역대급 불황을 겪고 있었습니다. 그런 교우들을 위로하고자 사회적 거리두기가 한창인 시기에 마스크와 비타민 음료를 들고 특별 심방에 나섰습니다.

"권사님, 요즘 가게 좀 어떠세요?"

"아유, 목사님. 말도 마세요. 보다시피 거리에 사람이 이렇게 없으니 어떤 날은 하루에 만 원 팔고 들어갈 때도 있네요."

"아이고, 그렇게나 힘든 상황이군요. 매달 내는 월세나 관리비도 적지 않을 텐데 어떡하면 좋을까요."

"그러게요 목사님… 그나저나 요새 교회도 힘들 텐데 제가 사정이 이러니 헌금도 제대로 못하고 있어요. 중직자로서 교회에 힘이 되어야 하는데 그러지 못해 면목도 없고 참 죄송하네요."

예상보다 훨씬 어려운 근황을 들으니 할 수 있는 거라곤 간절한 마음을 꾹꾹 눌러 담은 기도뿐이었습니다. 집으로 돌아오는 내내 마음이 편치 않았는데 특히 죄송하다고 말씀하시던 권사님의 목소리가 자꾸 귓가에 맴돌았습니다. 그러면서 이런 생각이 들었습니다. '왜 권사님께서 죄송해야 하지? 그 힘든 자리에서 버티는 것만으로도 충분히 큰 믿음인데, 교회를 생각하는 귀한 마음은 알겠지만 여전히 성도들은 외적인 헌신(헌금이나 봉사)이 부족하면 저렇게 죄책감을 갖는구나.'

저희 교회는 30명 미만의 작은 공동체입니다. 여러 사업장을 갖고 있는 분도 있지만 대부분은 한 달 벌어 한 달 생활하는 빠듯한 형편이죠. 생각해보니 "목사님 죄송해요"라고 말씀하셨던 분이 그 전에도 여럿 계셨네요. 물론 그분들 중 교회에 폐를 끼치신 분은 단 한 분도 없습니다. 오히려 불안정하고 고된 일터에서도 성실히 일하며 교회를 섬기는 분들입니다.

죄송함의 이유

'성도들이 품고 있는 죄송한 감정이 뭘까?'를 생각해보니 불현 듯 교회 안의 성공주의가 떠올랐습니다. 과거 한국 사회는 해방 후 반세기 만에 한강의 기적이라 불릴 만큼 급격한 경제성장을 이뤘습니다. 교회 또한 그 성장의 기류를 타고 세계에서 유례가 없는 새 역사를 썼습니다. 세계 10대 메가처치 중에서 5개가 한 국에 있을 정도니 다른 설명이 필요 없죠.

어느 순간부터 교회 강단에서도 성공 신화가 당당하게 울려퍼 졌습니다. 국회의원, 시장, 기업 회장, 의사, 변호사, 교수 등 소위 출세한 이들이 간증 무대에 올라 마이크를 잡았습니다. 그들이 엘리트의 자리에 오른 과정은 모두 달랐지만 공교롭게도 전한 메 시지는 동일했습니다. "한 번도 주일성수를 빼먹지 않았습니다. 온전한 십일조를 드렸습니다. 늘 새벽 기도로 하루를 시작했습니다. 그랬더니 하나님께서 넘치는 부와 명예를 주셨습니다."

〈아침마당〉에서 들을 법한 영화 같은 성공담은 청중을 열광하
도록 만들기에 충분했습니다. 이후 교회마다 그 유명한 '머리가
될지언정 꼬리는 되지 않게 해달라'는 매우 세속적인 기도가 유
행했고 저도 한때 글로벌한 인물이 되게 해달라며 이 기도에 올
인했던 적이 있습니다. 이렇듯 과거 교회를 강타했던 성공신화,
능력주의는 성도들의 뇌리에 깊이 박혔고 여전히 건재합니다. 하
지만 우리가 발 딛고 있는 현실은 그리 밝지가 않습니다. 주일성
수의 중차대성을 알지만 일요일에도 생계를 위한 근무나 피치
못한 사정으로 예배 참석이 힘든 분, 물질이 있는 곳에 마음이
있다는 것을 알지만 코로나19의 긴 터널에 갇혀 헌금은커녕 생
존을 걱정해야 하는 분, 새벽 기도에 나가고 싶지만 살인적인 노동
강도에 시달려 알람 소리조차 듣지 못하는 분이 많습니다.

코로나19 심방을 마치고 몇 주 후 주일 설교 시간에 이렇게 성
도님들께 말씀드렸습니다. "여러분, 요즘 많이 힘드시죠? 그렇다
고 하나님 혹은 목회자에게 결코 죄송한 마음을 가지실 필요는
없습니다. 능력 없다며 자신을 자책하지도 마시고요. 내가 드리
는 헌신을 남들과 비교하면 초라해보일 수도 있겠죠. 하지만 우
리 하나님은 중심을 보시는 분입니다. 저는 오히려 결핍투성이인
그 자리를 인내하며 지키고 있는 여러분의 믿음을 칭찬하고 싶

습니다. 막연한 위로가 아니라 진심입니다."

어설프고 약해도 괜찮아

지난 아내의 생일에 채린이가 서프라이즈 선물을 준비했습니다. 몰래 지켜보니 고사리 같은 손으로 스케치북에 꽃을 삐뚤삐뚤하게 그리더군요. 이어서 크레파스로 알록달록 색칠하고 가위로 오려 종이 꽃다발을 만들었습니다. 아내의 반응이 어땠을까요? "와~ 이게 정말 우리 채린이가 만든 거야?" 돌고래 소리를 내며 즉시 휴대폰으로 사진을 찍어 카톡 프로필 사진을 바꾸더군요. 솔직히 남들이 보면 고개를 갸우뚱할 만한 그림이지만 부모에게는 이보나 큰 선물이 없습니다. '왜 너 좋은 선물을 고르지 않았냐, 고작 준비한 게 이거냐'고 소리칠 부모는 세상에 없을 겁니다.

신앙의 여정을 걸어오며 한때는 약함과 결핍을 콤플렉스로 여겼습니다. 그리고 나의 한계를 뛰어넘는 것만이 믿음이라고 생각했습니다. '어떻게 하면 이 지리멸렬한 상황을 벗어날 수 있을까' 참 많이도 고심했고요. 하지만 성경을 차분히 묵상할수록 그런 몸부림은 믿음이 아닌 고상하게 포장된 저의 탐욕임을 깨달았습니다.

오늘도 세상은 힘없고 약한 사람에게 관심이 없습니다. 눈길
조차 주지 않습니다. 하지만 기독교 신앙은 약함에서 의미를 찾
고, 약함의 아름다움과 역설을 강조하지 않습니까? 그래서 저는
혁신의 아이콘 스티브 잡스의 전기보다 2000년 전 바울이 남긴
편지를 더 아끼고 사랑합니다.

그러므로 나는 그리스도를 위하여 병약함과 모욕과 궁핍과 박해
와 곤란을 겪는 것을 기뻐합니다. 내가 약할 그 때에, 오히려 내가
강하기 때문입니다. 고린도후서 12:10, 새번역

4장

—

결핍의 시대를 걸으며

무엇이 그를 악당으로 만들었을까?

1년에 최소 두 번 이상 설레는 마음으로 꽃집에 갑니다. 아내의 생일과 결혼기념일을 축하하기 위해서지요. 근사한 꽃바구니와 여심을 저격하는 축하카드 이미지를 페이스북에 올리면 칭찬과 반성의 댓글이 달립니다.

| 역시 사랑꾼이시네요.
| 이야~ 참 달달합니다.
| 저도 반성하며 분발해야겠네요. ㅠㅠ

가끔 립스틱이나 스타벅스 굿즈 등 깜짝 선물을 아내 몰래 준비하기도 합니다. 이러한 모습 때문인지 아내의 지인들은 저를

자상하고, 가정적이며 로맨틱한 사람으로 알고 있습니다(물론 아주 틀린 표현은 아니지만).

　그러나 부부생활에 어찌 꽃길만 있겠습니까? 결혼한 분들은 알겠지만 실제로는 그렇지 않은 날이 더 많지요. '왜 치약을 앞에서부터 짜느냐.' '외출 후에 옷은 세탁실에 두라고 했잖아.' '휴대폰 그만 보고 아이하고 좀 놀아줘…' 이처럼 부부싸움은 사소한 말 한마디, 행동 하나에서 시작됩니다. 문제는 서로에게 서운한 감정들이 쌓일수록 일부러 비수를 꽂는 말을 내뱉게 된다는 것이죠.

　'이거 하나 못해줘?' '이건 네가 하기로 했잖아!' '너 변했어.' 이 비난 3종 세트는 이혼하는 부부가 서로에게 가장 많이 하는 말이라고 합니다. 어쨌든 한참 서로를 향해 악담과 고성을 퍼붓고 나면 거울 속 내 모습은 어느새 악당으로 변해 있습니다. 그것도 한 캐릭터가 아닌 소심한 놈, 예민한 놈, 찌질한 놈, 고집 센 놈까지 상황에 따라 다양한 악당들이 출몰합니다. 아직 끝이 아닙니다. "내가 원래 이런 사람이 아닌데 너 만나서 이렇게 변했어." 마지막까지 자신의 꼬라지를 상대에게 책임 전가시키고 나서야 그날의 싸움은 끝이 납니다.

나도 사연이 있어

《나는 악당이 되기로 했다》(한권의책, 2012)는 문화평론가 김헌
식 씨가 쓴 책의 제목입니다. 악당이 되기로 했다니, 흥미로운 제
목에 눈길이 갑니다. '결핍과 승부욕이 완성하는 악당의 철학'이
라는 부제가 붙은 이 책에 따르면 우리가 보는 영화, 드라마, 소
설에는 늘 악당이 등장합니다. 여기에서 주인공은 항상 매끈한
유니폼을 휘날리며 지구의 평화를 사수하기 위해 애씁니다.

반면 악당은 괴팍한 비주얼로 등장하여 추악한 탐욕을 채우
기 위해 도시를 위협에 빠뜨리지요. 대부분의 작품에서 주인공
은 선하고 악당은 악한 존재로 묘사됩니다. 그러나 저자는 이러
한 이분법적 도식을 거부하며 그만의 악당론을 제시합니다. 여
기서 핵심은 악당들도 저마다의 사연과 철학을 지녔다는 점입
니다.

악당 하면 어떤 캐릭터가 떠오르나요? 〈양들의 침묵〉 한니발
렉터 박사? 〈노인을 위한 나라는 없다〉의 안톤 시거? 저는 〈다크
나이트〉의 조커가 가장 먼저 떠오릅니다. 실제로 미국 영화 매체
'콜라이더'는 故 히스 레저가 연기했던 조커 역을 21세기 최고
의 악당 1위로 꼽았습니다. 그렇다면 무엇이 조커를 희대의 악
당으로 만들었을까요? 영화 속 그의 대사를 살펴보면 그 배경을

유추할 수 있습니다.

 "내가 믿는 건 사람이 죽을 만큼 고난을 겪고 나면 더 이상해진다는 거야." 영화에도 잠깐 언급되지만 조커는 어린 시절 매우 불행한 가정환경에서 자랐습니다. 어머니와 함께 술주정뱅이에 마약중독자인 아버지 밑에서 갖은 학대와 폭력에 시달려야 했죠. 최소한의 안전도 보호도 없는 지옥 같은 일상은 그에게 지울 수 없는 트라우마로 남았습니다. 결국 사랑과 돌봄의 결핍이 그를 악당으로 만드는 기폭제가 되었습니다.

영웅의 망토와 악당의 가면

 "여러분, 아이 앞에서 절대 부부 싸움은 피하셔야 합니다!" 국민 육아 멘토 오은영 박사님의 말씀은 진리이지만 지키기가 참 쉽지 않습니다. 어느 주말 오후, 쇼핑 문제로 아내와 의견 충돌이 있었습니다. 오전부터 비는 추적추적 내리고 컨디션까지 바닥인데 그날따라 아내가 불평을 늘어놓았습니다. 평소 같으면 의견을 따라주었을 텐데 결국 참지 못하고 사자가 포효하듯 화를 터트렸습니다. 좁은 차 안이 울릴 정도의 폭풍이 지나고 나니 아이가 주눅 든 모습으로 엄마, 아빠의 눈치를 살핍니다. 부

부 싸움을 본 아이의 불안감은 공포영화 13편을 연속으로 본 느
낌이라던데 분명 채린이의 눈에는 고래고래 소리 질렀던 아빠가
악당처럼 보였을 겁니다. 집에 돌아와 아내에게 화해를 청하고
아이에게도 사과했습니다. "채린아, 아까 아빠가 화내서 많이 놀
랐지? 정말 미안해. 아빠가 사과할게. 오늘은 엄마랑 마음이 좀
안 맞나 봐. 이제 엄마, 아빠 화해했으니까 걱정 말고 함께 거
실에서 디즈니 만화영화 볼래?" 아이를 둔 가정이라면 모두 공감
할 만한 내용일 겁니다. 악당은 스크린 안에만 존재하는 것이 아
닙니다. 조커의 가면만 쓰지 않았을 뿐 이미 우리 안에는 악당의
그림자가 짙게 드리워져 있습니다. 청교도 신학자 존 오웬은 거듭
난 그리스도인 안에도 여전히 잔존하는 죄가 있음을 지적하며
거룩한 삶을 강조했습니다. 물론 결핍이 있다고 해서 모두 악당
이 되는 것은 아닙니다. 중요한 것은 결핍을 정당화하지도 그대
로 방치하지도 말자는 것이죠. 영웅의 망토와 악당의 가면이 공
존하는 것은 모순이 아니라 인간의 실존입니다. 그 안에서 우리
의 최선은 오늘도 구멍 난 인생을 메워가시는 하나님의 손길을
신뢰하는 것입니다. 그리고 수없이 넘어질지라도 그분의 시야에
서 이탈하지 않는 것입니다. 위대한 사도가 말하지 않았습니까?
죄가 많은 곳에 은혜가 더욱 넘치게 되었음을(롬 5:20).

가장 끌리는 콘텐츠

코로나19 팬데믹으로, 어느덧 비대면이 일상화된 언택트 시대를 살고 있습니다. 이제는 학교 수업, 회사 업무, 종교 활동, 문화 행사, 친교 모임 등 거의 모든 영역이 비대면으로 전환되었습니다. 직접 얼굴을 맞대는 만남이 급격히 줄어들다 보니 외로움과 답답함을 호소하는 코로나 블루(우울증)가 사회적 문제가 되고 있습니다.

반면 이런 대중의 외로움을 충족시켜주는 콘텐츠 사업은 역대급 호황을 맞고 있습니다. 그 대표적인 예가 국내 인터넷 방송을 대표하는 아프리카tv입니다. 아프리카tv는 1인 미디어 방송 플랫폼으로 현재 월간 600만 명 이상이 사용할 정도로 충성도 높은 시청자를 보유하고 있습니다. 저도 가끔 인터넷 동향을 살

피려는 목적으로 접속해봅니다.

아프리카tv 전체 이용자의 85%는 남성이며, 이 중 20~40대의 비율이 90% 가까이 차지합니다. 유튜브의 후원 기능처럼 아프리카tv에서도 방송 진행자인 BJ에게 후원이 가능합니다. 일명 별풍선이라 불리는 유료 아이템을 결제해야 하는데 가격은 1개당 100원이며 선물을 받는 BJ에게는 등급에 따라 60~80원의 수익이 돌아갑니다.

매월 누가 별풍선을 가장 많이 받았는지 랭킹 50위가 발표되는데 상위 1~10위를 살펴보면 대부분이 여성 BJ이고 한 달간 별풍선을 가장 많이 받은 수는 5,160,754개로 무려 3억 6천만 원이 넘는 금액입니다. 대체 누가 이렇게 많은 별풍선을 선물하는 것일까요?

평범한 40대 직장인 A씨, 퇴근 이후 그의 외로움을 채워주는 것은 술도 운동도 친구도 아닌 바로 인터넷 방송입니다. 전직 아이돌 가수 출신이 진행하는 인터넷 방송을 보며 그는 오늘도 별풍선을 날립니다. 지금까지 별풍선 구입에 쓴 돈이 무려 5,000만 원이 넘습니다. 보통 사람에게는 입이 떡 벌어질 액수이지만 A씨는 그 돈이 별로 아깝다고 생각하지 않습니다.

"보통 연애나 취미생활을 하면 1년에 500~2,000만 원 정도는 쓰지 않나요? 그렇게 생각하면 별문제 될 게 없죠." 그러면서 진짜 속내를 털어놓습니다. "사실 나이가 드니 결혼한 친구들을 불러내 술 마시는 것도 힘들더라고요. 가끔 소개팅이 들어오기도 하지만 상대방 비위 맞추며 신경 쓰는 것도 이젠 지치더군요. 그래서 그냥 기분 따라 별풍선 쏘며 내 외로움을 충족하는 게 더 편한 것 같아요."

실제로 인터넷 방송에 들어가 보니 A씨와 같이 많은 별풍선을 쏘는 사람을 열혈팬으로 분류하더군요. 열혈팬이 가지는 혜택은 남달랐습니다. 수백 혹은 수천 명의 사용자가 소통하는 채팅창에서도 열혈팬이 적는 메시지는 묻히지 않고 특유의 마크와 함께 빨간 글씨로 강조됩니다. 당연히 BJ의 눈에 띨 수밖에 없는 구조이기에 닉네임(이름)을 불러주는 등 칭찬과 관심을 독점할 수 있습니다. 덤으로 다른 이용자에게는 '큰 손', '능력자', '회상님'으로 불리며 남다른 대접을 받습니다.

심리학 전문가들은 이러한 현상을 다음과 같이 분석합니다. "사람들이 인터넷 방송에 돈뿐 아니라 많은 시간을 쏟는 이유는 사회적 관계가 어렵기 때문이에요. 갈수록 사회에서 인정받고 존중받는 기회가 적어지다 보니 별풍선을 쏘았을 때 인터넷 방송 진행자나 다른 시청자들이 보내주는 관심에 점점 중독되는 것이죠."

환대는 콘텐츠가 될 수 없을까?

외로움은 짙어지고 사회에서조차 인정과 존중의 기회가 줄어
드는 현실이 참 아프게 다가옵니다. 동시에 신원을 묻지 않는 환
대도 점점 찾아보기가 힘든 것 같습니다.

저희 교회는 버스터미널 인근에 있습니다. 그래서인지 가끔씩
손님들이 찾아옵니다. 어느 일요일 아침 예배당 문을 열고 들어
가니 낯선 청년이 앉아 있었습니다. 인사를 하러 가까이 다가가
자 순간 코를 찌르는 악취가 느껴졌습니다. '아 오랜만에 손님이
오셨구나.' 간단히 인사를 나누고 예배는 11시에 시작된다고 말
씀드렸습니다.

예배를 마치고 점심을 준비하는데 청년이 예배당 뒤편에서 머
뭇거리고 있었습니다. 미처 다른 교우들이 발견하지 못한 것 같
아 먼저 다가가 함께 식사하자며 제 옆자리로 안내했습니다. 그
날 메뉴로 등갈비찜이 나왔는데 다 같이 먹는 냄비에 거리낌 없
이 수저를 담그더군요. 솔직히 조금 당황했지만 내색하지 않고
그릇에 따로 갈비를 담아주었습니다. 식사를 마치고는 손님들의
단골 멘트를 날립니다. '차비가 없다'는 것이죠. 그래서 봉투에
몇 만 원을 넣어 교회 문밖까지 배웅했습니다.

사무엘상 22장에는 사울 왕에게 쫓겨 오갈 데 없는 다윗이 도

피처로 삼은 아둘람 굴이 등장합니다. 사울의 궁전에는 당대 최고 엘리트들이 즐비했지만 아둘람 굴에는 고통 중에 있는 사람, 빚에 시달리는 사람, 원통하고 억울한 일 당한 사람 등 한마디로 밑바닥 인생뿐이었습니다. 하지만 하나님께서는 그렇게 깨지고 조각난 인생들을 모아 공동체를 이루게 하셨고 훗날 이 공동체를 다윗 왕국(하나님 나라)의 기초로 삼으십니다.

결핍의 시대를 살아가는 사람들은 오늘도 갈구합니다. 외모, 학벌, 사회적 위치와 상관없이 나를 인정해주는 공동체를. 있는 모습 그대로 받아주는 공동체를. 서로의 결핍과 아픔을 안아줄 수 있는 공동체를.

우리가 몸담은 교회 공동체는 그런 피난처가 될 수 없을까요? 굳이 좋아요와 구독을 외치지 않아도 조건 없는 환대가 콘텐츠인 그런 공동체가 되었으면 좋겠습니다.

당신의 집은 안녕하십니까?

민주·인권·평화의 도시라 불리는 광주는 저의 고향입니다. 어린 시절 잠시 대전에 머물렀던 때를 제외하면 내내 광주에서 살고 있네요. 생각해 보면 우리 부모님 세대에서는 내 집 장만이 그렇게 어려운 일이 아니었습니다. 제가 태어난 당시에는 아버지의 사업이 폭삭 망한 터라 집안 형편은 더 내려갈 곳이 없는 상황이었죠. 그렇게 유치원 시절까지 경제적 부침을 겪다가 초등학교에 들어갈 무렵 부모님은 작은 식당을 하나 개업하셨습니다. 족발집이었는데 장사가 꽤 잘 됐습니다. 백종원이 와도 칭찬할 만큼 맛과 성실함이 따라주니 단골손님이 꾸준히 늘더군요. 어느 날 엄마가 같이 어디를 좀 다녀오자며 저를 데리고 집을 나섰습니다. 도착해보니 아파트 모델하우스였습니다.

"엄마, 여기가 진짜 앞으로 우리가 살 집이야?" 지금도 모델하우스는 호텔 뺨치게 진화하고 있지만 30년 전에도 충분히 고급스러웠습니다. 그로부터 2년 후 초등학교 3학년이 되던 해에 고대하던 새 아파트로 이사를 갔습니다. 그간 주방을 제외하면 방한 칸이 전부인 집만 전전했기에 방 3개의 아파트는 그 옛날 진시황의 아방궁도 부럽지 않았습니다.

내 집이 있긴 한 걸까?

"일아, 서울에 집이 이토록 많은데 정작 내가 머리 둘 곳은 없나 보다."

대학원 시절 신혼집을 구하러 다니던 룸메이트 형이 깊은 한숨을 쉬며 말했습니다. 알고 보니 양가에서 지원받을 형편이 아닌지라 발품을 팔고 팔아도 최소한의 보금자리를 마련하기가 버거웠던 모양입니다. 결국 형은 7평 남짓한 반지하 원룸에 신혼살림을 차렸습니다.

이게 벌써 10여 년 전 일이니 지금은 어떻게 변했을까요? 이제는 그러한 작은 원룸도 전세는 1억 3천만 원, 월세는 최소 50만원은 줘야 들어갈 수 있습니다. 현재 한국 사회 최대 이슈는 부동산 문제라 해도 과언이 아닙니다. 정부는 집권 초기부터 집값을 잡겠다며 30회 가까이 부동산 대책을 내놨지만 시장은 '미친 집값'이라 불릴 정도로 뛰었습니다.

이러한 주거 문제에서 가장 결핍을 느끼는 이들은 단연 2030 세대입니다. 청년, 1~2인 가구, 신혼부부가 전체 가구의 58%를 차지하지만 이들에게 내 집 마련의 꿈은 신기루와 같습니다. 이유는 간단합니다. 자동차로 비유하면 내 월급 오르는 속도는 모닝인데 집값 오르는 속도는 페라리이기 때문이죠. 특히 인구의 절반이 살고 있는 수도권에서는 더 이상 근로소득만으로는 집을 살 수 없다는 절망이 갈수록 커지고 있습니다.

최근 수도권에 사는 대학원 동기와 통화할 일이 있었습니다. 꽤 오랜만의 연락이라 안부를 묻는데 결혼을 준비한다는 소식에 격한 축하를 전했습니다. 그러나 신혼집 마련에 대한 고민을 들으니 좀 전의 훈훈했던 분위기는 금세 식어버렸습니다. "꼭 수도권만 고집하지 말고 지방의 구축 아파트는 어때? 아직까지는 접근 가능한 금액이야." 나름 대안을 제시한다고 했지만 생각해보니 가장 중요한 일자리 문제가 걸리더군요. 게다가 신혼집 장만의 지분은 여전히 남자의 몫이 크기에 고민의 무게를 충분히 느낄 수 있었습니다.

아빠, 왜 계속 일만 하는 거야!

현재 제가 살고 있는 집은 지방의 구축 아파트입니다. 감사하게도 디딤돌 대출을 통해 30년 만기 저금리 상환으로 장만할수 있었습니다. 어찌 됐든 꿈에 그리던 내 집 마련을 이룬 셈인데도 여전히 마음 한편에 불안함이 자리하고 있습니다. 빌린 액수에 비하면 적은 금액이지만 매달 원금과 이자를 상환해야 하고 채린이가 커갈수록 지출도 늘어갈 테니까요. 놀 때도 그런 부담에서 벗어나지 못한다는 걸 아이와 게임을 하면서 깨달았습니다.

저희 가정은 주말에 콘솔 게임을 즐겨 하는데 2019년에 출시된 '모여봐요 동물의 숲'이라는 게임을 2020년 한 해 동안 가장 많이 즐겼습니다.

게임 내용은 간단합니다. 여러 동물 이웃과 무인도로 이주하여 그 섬에서 농사도 짓고 바다낚시도 하며 마을을 형성하는 힐링 게임입니다. 무인도에 정착하기 위해서는 거주할 집이 필요하지만 조금도 걱정할 필요가 없습니다. 인자한 너구리 사장을 찾아가면 무담보, 무이자의 초대박 혜택으로 공사 자금을 빌려주니까요. 게다가 상환 기간도 없어 여윳돈이 생길 때 천천히 갚아나가면 됩니다.

"아빠, 동물 이웃들하고 놀아야지. 왜 계속 일만 하는 거야!" 어느 날 게임을 지켜보던 채린이가 크게 신경질을 냈습니다. 일 개미처럼 쉬지 않고 과일 따고, 조개 줍고, 생선을 잡아다 파는 모습이 영 마음에 들지 않았던 것이죠. 답답한 일상을 탈출해 힐링을 누리는 게임 내에서도 저의 관심은 온통 대출금 상환에 있었던 것입니다. 웃프게도 이러한 현상은 전 세계 게이머 중 유독 한국 게이머에게서만 나타나는 특징이라고 합니다.

구약성경 레위기에 보면 '희년'이라는 제도가 등장합니다. 이스라엘에서 50년마다 공포되는 안식의 해인데, 이때는 노예가 풀려나고, 빚을 탕감해주며, 팔렸던 땅도 원래 자리로 되돌아가게 됩니다. 희년의 핵심은 사회적·경제적 약자를 보호하는 데 있습니다. 안타깝게도 부동산을 둘러싼 우리 사회의 갈등은 앞으로 더 심화될 것입니다. 무주택자는 집값이 떨어지기를, 유주택자와 다주택자는 집값이 오르기만을 바라니 이 모두를 충족시키는 정책이 나올 리 만무한 것이죠.

누군가는 '집은 사는(buy) 것이 아니라 사는(live) 곳이다'라고 말하더군요. 그럼에도 여전히 대다수의 사람들은 학군 좋고 역세권에 위치한 신축 아파트를 사고(buy) 싶어 합니다. 물론 인간의 기본적인 주거 욕구는 충족되어야 하지만 현재와 같은 부동산 광풍은 경제적 약자를 소외와 차별의 절벽으로 내몰고 있습니다. 더는 주거 문제로 인해 결혼과 출산을 포기하는 청년들이 없었으면 좋겠습니다. 우리 아이들의 순결한 입술에 빌거(빌라에 사는 거지), 휴거(휴먼시아 거지), 엘사(LH에 사는 사람)라는 저질스러운 단어가 오르내리지 않기를 원합니다.

　오 주님, 그리스도인부터 우리 안의 탐욕과 싸우며 희년의 정신을 따르게 하옵소서!

최고의 투자 종목

코로나19는 타이슨의 핵주먹처럼 세계 경제에도 치명적인 타격을 가했습니다. 팬데믹 선언과 함께 소비, 일자리, 경제성장률 등 주요 지표들이 정신을 잃고 링 바닥으로 떨어졌지요. 금융시장 또한 이 충격을 피해가지는 못했습니다. 미국 증시의 대폭락으로 코스피 지수는 10년 8개월 만에 최저 수준인 1400선을 기록했습니다.

이 시기 국내에서는 이른바 '동학개미운동'이라 불리는 주식 열풍이 일어납니다. 동학개미운동이란 개미들(개인투자자)이 외국인 투자자와 기관들이 매도한 주식을 대거 사들인 상황을 1894년 반외세 운동인 '동학농민운동'에 빗댄 표현입니다. 낮은 예금 금리와 각종 부동산 규제로 증권시장이 새로운 투자처로 급부상하면서 개인투자자들이 앞다퉈 주식시장에 몰린 것이죠.

"네? 얼마라고요?"

"작년 한 해 올린 수익만 이 정도야~."

어느 날 지인이 카카오톡 단체방에 주식 계좌를 인증했는데 수익만 무려 천만 원이 넘었습니다. 평소 주식에는 전혀 관심이 없었지만 강렬한 빨간 숫자에 시선을 빼앗기니 본능적으로 어떤 종목을 샀는지 급 호기심이 생기더군요. '앞으로는 반도체, 전기차, 바이오 분야가 전망이 좋다던데 역시 틀린 말은 아니었군.' 어디서 주워들은 풍월은 있어 그렇게 한참 동안 휴대폰에서 눈을 떼지 못했습니다.

우리노 주식 한번 해볼까?

우연히 보게 된 지인의 주식 계좌는 한동안 머릿속에 잔상으로 남았습니다. 냉정을 찾기 위해 '나와는 별 상관없는 일'이라고 주문을 되뇌었지만 소용이 없더군요. 왜 그럴까 이유를 곰곰이 생각해보니 여러 환경이 자꾸 저를 자극하고 있었습니다. 우선, 집콕하며 책 쓰는 일에만 전념하니 매월 받는 용돈이 상당 부분 통장에 쌓여 적지 않은 여윳돈이 생겼습니다. 그리고 출판

계약금에서 쓰고 남은 금액까지 더하니 약 200만 원이 되었습니다.

다음으로 주식 서적들이 자꾸 손짓을 해왔습니다. 월정액으로 이용하고 있는 전자책 플랫폼에 어느 순간부터 주식 관련 도서들이 올라오기 시작하더군요. 주식이 붐이긴 붐인가 봅니다. 얼마든지 무료로 볼 수 있기에 가볍게 몇 권을 다운받아 읽었습니다. 마지막은 아내와의 재테크 논의입니다. 어느 날 아내가 곧 만기를 앞둔 적금의 존재를 저에게 알려주었습니다.

"여보, 잠깐 이리 와봐요. 내가 결혼 전부터 10년 넘게 넣은 상품인데 큰 금액은 아니었지만 그래도 매월 쌓이니 꽤 되네요."

"아, 그래? 그래도 그 돈은 당신이 저축성으로 모았으니 나중에 다른 적금을 들든지 하면 되겠네요."

"이제 적금은 그만 들려고요. 당신도 알다시피 요즘 금리가 워낙 낮아서 은행에 넣어두는 건 더 이상 의미가 없을 것 같아요."

"음… 그러면 우리도 주식 한번 해볼까요? 사실 내 여윳돈 정도만 굴려볼까 생각 중이었는데 당신 이야기를 들으니 타이밍도 적절한 것 같기도 해서."

"나 주식계좌 하나 가지고 있어요. 언젠가 신규 계좌를 개설하면 공짜로 주식 한 주를 주는 이벤트가 있었는데 그때 만들었어요. 흐름도 알 겸 요즘 국민주라는 삼성전자 주식도 몇 주 사뒀

고요."

"역시 당신은 다 계획이 있구나! 어쨌든 아직 만기까지 시간이 있으니 일단 주식 공부부터 시작해봐요."

마지막 동아줄을 잡는 심정으로

이후 몇 주간 주식 공부에 몰입하며 크게 깨달은 사실이 있습니다. 다름 아니라 주식 투자는 내 안의 욕망과의 전쟁이라는 것이죠. 처음엔 투자 경험을 쌓기 위해 가볍게 몇 주만 사기로 마음먹었습니다. 그런데 즉각 실행에 옮기기가 여간 쉽지 않더군요. 차트를 보며 조금이라도 싸게 매수하기 위해 주식 장이 열리는 오전 9시부터 닫히는 오후 3시 30분까지 수시로 주식 어플을 들여다봐야 했으니까요.

그리고 〈삼프로TV〉, 〈슈카월드〉, 〈신사임당〉 등 유명 유튜브 주식 방송과 인터넷 주식 커뮤니티에 빠져드는 시간도 점차 늘어났습니다. '전업투자 7년, 500만 원에서 6억 원 만들기' 슈퍼개미가 된 이들의 간증을 들으면 당장이라도 주문 버튼을 누르고픈 격한 충동이 들었습니다. 그렇게 하루에도 수차례 감정의 롤러코스터에 올라타니 결국 일상에 방해가 될 정도가 되더군요. '아직 시작도 안 했는데 본격적으로 발을 담그면 어떻게 될까?' 냉정히 스스로 자문하니 솔직히 자신이 없었습니다. 그래서 아직은 때가 아니라는 판단에 주식 책을 덮고 관련 공부를 잠정 중단하기로 했습니다.

2020년 한 해 신규 개설된 증권계좌의 수만 723만여 개라고 합니다. 이 중에 절반가량이 MZ세대로 불리는 2030세대 명의라고 하네요. 저 또한 여기에 속합니다. 요즘 청춘 세대에서 유행하는 '수저계급론'을 한번쯤 들어보셨을 겁니다. 부모의 재산 정도에 따라 다이아몬드 수저부터 흙수저까지 나누는 것이죠.

이처럼 청년들이 주식 시장에 대거 뛰어든 이유는 안타깝게도 한국 사회의 불안한 현실과 어두운 미래 전망 때문입니다. 특히 부모로부터 물려받을 재산이 없는 청년들은 주식과 비트코인을 흙수저 탈출을 위한 마지막 동아줄로 여기고 있다고 하네요. 이러한 심리 때문인지 2020년 주식 투자를 위해 대출을 받은 청년의 수는 전년 대비 162.5% 증가했습니다. 이른바 주식 대박을 터뜨리기 위해서라면 빚투(빚내어 투자)와 영끌(영혼까지 끌어모아 투자)까지 불사하는 것이죠.

오늘도 청년 개미들은 주식 차트를 보며 성투(성공적인 투자)를 기원합니다. 돈의 결핍을 느끼는 만큼 그 기도 또한 간절해지겠죠. 하지만 역설적으로 많은 수익을 기대할수록 내면의 허기는 더욱 커져만 갑니다. 현재 2030세대의 주식 열풍은 어쩌면 출구 없는 현실에서 부르짖는 절박한 외침으로 보입니다. 청년들을 타박하기보다는 그들의 불안을 감싸주고 함께 대안을 고민하는 일이 절실한 시대입니다. 디즈니냐? 테슬라냐? 성장주와 가치주에 대한 투자 담론보다 미래 투자의 다른 이름인 '청년 투자'에 열풍이 불기를 기대합니다.

중독 사회

"요즘 집집마다 전쟁이에요, 전쟁!"

코로나19 사태의 장기화로 현재 전 세계는 스마트폰과의 전쟁을 치르는 중입니다. 사회적 거리두기 강화와 온라인 수업의 증가로 가정마다 스마트 기기 사용량이 급격히 늘었습니다. 문제는 늘어난 사용량만큼 스마트폰 중독 현상이 심각한 사회적 문제로 떠올랐습니다.

저희 집도 예외는 아닙니다. 특별히 2020년 한 해는 지역 감염 확산으로 몇 달 동안 집에서 채린이를 돌봐야 했습니다. 처음에는 코로나 사태가 금방 끝날 줄 알고 가볍게 생각했죠. "얼마안 있으면 다시 어린이집에 갈 테니 좀 더 보여줘도 괜찮겠지." 솔직히 아내가 퇴근할 때까지 온종일 아이를 돌보는 일이 만만치 않았습니다. 하루 3끼 챙기는 일만으로도 중노동이었기에 쉬고 싶을 때는 고민하지 않고 유튜브를 틀어줬습니다.

코로나19 전에는 미디어 노출 시간을 잘 관리할 수 었었습니다. 평일엔 30분, 주말에는 장편 애니메이션 한 편을 보여줘도 별 문제가 없었으니까요. 하지만 코로나19 이후 한번 늘어난 시청 시간을 줄이는 일은 결코 쉽지 않더군요. "으앙~ 더 보여줘. 더 보고 싶단 말이야~~" 평소 온순하던 녀석이 유튜브를 끄자 난폭하게 굴기 시작했습니다. 몇 달 만에 급변한 아이의 모습을 보며 영유아의 미디어 중독에 대한 심각성을 처음으로 실감했습니다.

일상의 중독

고된 하루 일과를 마치고 잠자리에 누웠습니다. 모닝콜 알람을 맞추고 잠에 들려는데 왠지 아쉬움이 남습니다. '유튜브나 조금 보고 자야지'라는 생각으로 가볍게 스마트폰을 켰는데 어느덧 시계는 자정을 훌쩍 넘겼습니다. 참고로 우리가 보는 취향 저격 유튜브 콘텐츠는 대부분이 AI 알고리즘이 추천해주는 영상입니다. 역설적이게도 IT 기술의 발달은 우리 일상을 더 중독으로 이끌어가는 상황이죠.

　결혼하면 연애 때는 미처 몰랐던 상대의 라이프스타일을 곁에서 보게 됩니다. 아내는 홈쇼핑 채널을 즐겨보더군요. 저는 지금껏 단 한 번도 홈쇼핑에서 물건을 산 적이 없지만 아내는 화장품, 어학기기, 스테이크 등 15년에 가까운 쇼핑 내공을 갖추고 있었습니다. 그러던 어느 날 채널을 돌리는데 홈쇼핑 채널이 전부 삭제되어 있었습니다.

　"여보, 홈쇼핑 채널이 다 지워졌네요?"

　"내가 일부러 지운 거예요."

　알고 보니 어느 순간부터 굳이 물건을 사지 않아도 홈쇼핑을 틀어놓는 습관 때문에 채널 삭제를 한 것입니다. 사실 이 정도는 약과인 셈이죠. 코로나19를 겪으면서 보복 소비(억눌렸던 소비 심리가 한꺼번에 분출되는 현상)가 갈수록 늘고 있습니다. 특히 샤넬 같은 백화점 명품관에서는 새벽부터 줄을 서는 행렬이 계속되고 있다네요. 이 중에는 자신의 월급보다 3~4배 비싼 가방을 사는 사람들도 있다고 합니다. 쇼핑 중독의 끝판왕인 명품 중독에 해당되겠지요.

　중독 하면 빼놓을 수 없는 것이 도박입니다. 과거 도박은 대부분 중장년층이 경마장이나 카지노에서 즐겼다면 요즘은 10대 청소년부터 매우 손쉽게 접할 수 있습니다.

[Web발신] 카지노, 사다리, 홀짝 오늘 가입하면 3만 원 쿠폰 공짜,
24시 즉시 환전! xxx.com

이런 사이버 도박 문자 한 번쯤 받아보셨죠? 문제는 청소년들이 자주 이용하는 인터넷 방송, 유튜브, SNS에는 더 자극적인 광고들이 거리낌 없이 노출되고 있다는 점입니다.

해독제 찾기

안타깝게도 오늘 한국 사회는 가히 중독 사회라 말할 수 있습니다. 중독의 문제는 세대를 가리지 않습니다. 영유아, 어린이, 청소년, 성인, 노인까지 모든 세대를 아우르며 중독의 범위와 규모 또한 점점 넓어지고 있습니다. 예전에는 알코올, 흡연, 마약 같은 물질 중독이 대부분이었다면 이제는 음식, 게임, 도박, 쇼핑, 유튜브, SNS, 스마트폰, 성(sex) 중독, 일(work) 중독, 갑질 중독 등 행위 중독이 더 심각한 상황입니다.

코로나19를 겪으며 유튜브 중독 증세를 보였던 채린이는 다행히 초기 단계라 별도의 상담이나 치료 과정 없이 가정에서 해결할 수 있었습니다. 중독을 극복하기 위해서는 먼저 중독이 결핍

에 기인한다는 사실을 분명히 인식해야 합니다. 한창 부모의 돌봄과 관심이 필요할 시기에 채움을 받지 못하면 아이는 중독에 빠지기 쉽습니다. 당연히 성인이 되어서도 그 고리에서 좀처럼 벗어나지 못하게 되지요. 중독의 대상이 무엇인지보다는 그 대상과 왜곡된 애착 관계를 맺고 있다는 사실에 더 주목해야 합니다.

저희 부부는 아이를 위해 거실의 풍경을 바꾸기로 마음먹었습니다. 당장 유튜브를 끊는 일은 더 큰 반발을 불러오기에 조금씩 시청 시간을 줄이고 엄마, 아빠와 교감하는 시간을 늘려갔습니다. 시크릿 쥬쥬보다 엄마와 함께 만드는 나만의 그림책 놀이, 무한 스토리텔링이 가능한 아빠와의 상황극 놀이를 매일 저녁 더 기대하게 만들었습니다. 놀랍게도 몇 주 되지 않아 아이의 유튜브 중독 현상은 사라졌습니다.

"술을 마시는 사람과 알코올 중독자의 차이는 다음과 같다. 비유하자면 하나는 그냥 책을 읽는 것이고 다른 하나는 하루를 버티기 위해 책이 필요한 것이다." 미국 작가 게일 캐리거의 말입니다. 어느덧 대한민국은 개발도상국에서 선진국으로 격상되었지만 여전히 정서적 가뭄은 해결되지 않고 있습니다. 술에 취해 거리를 배회하는 사람보다 방 안에서 마음속 허기를 채우며 근근이 하루를 버티는 사람들이 더 많습니다.

중독 전문가들은 중독 치료의 목표가 무언가를 끊게 하는 것이 아닌 나다움을 찾게 하는 데 있다고 말합니다. 채린이와의 관계 재구성은 아이에게 나다움뿐 아니라 온 가족에게 우리다움까지 되찾게 만들어주었습니다. 혼자서는 감각적인 쾌락의 늪에서 헤엄쳐 나오기가 어렵습니다. 일상의 소소한 기쁨을 함께 찾고 발견하는 다가섬의 관계가 오늘 중독사회를 치유하는 최고의 해독제입니다.

키덜트라는 세계

'신세계가 있다면 이런 곳일까?'

어릴 적 옆집 형을 따라 들어선 오락실은 인생에서 처음으로 겪는 문화충격 그 자체였습니다. 당시 1990년대 초반에는 놀이라고 해봐야 딱지나 구슬치기가 전부였습니다. 그랬던 시기에 영접한 '스트리트 파이터 2'는 그야말로 비주얼 쇼크였지요. 벌써 30년이 지났지만 그때 느낀 전율과 감동은 아직도 잊히지가 않습니다.

그날로 저는 오락실 키즈의 길을 걷기 시작합니다. 방바닥에 굴러다니는 동전만 보면 냉큼 집어 오락실로 뛰어갔고 돈이 없을 때는 엄마의 지갑에 손을 대기도 했습니다. 도둑질이 걸렸을 때는 비 오는 날 먼지 나게 맞았지만 오락실을 향한 불타는 사랑을 끊을 수는 없었습니다. 어느 순간부터 잘 사는 친구들 집에 가니 못 보던 물건이 있었습니다. 바로 삼성 겜보이, 현대 컴보이, 대우 재믹스 같은 비디오 게임기입니다.

'우씨, 나는 두들겨 맞으면서 힘겹게 오락실에 가는데 애들은 이리도 편하게 게임을 하네.' TV 앞에서 느긋하게 게임을 즐기는 친구들의 모습을 보며 깊은 현타를 느꼈습니다. 동시에 '우리 집에도 저런 게임기 하나 있으면 진짜 소원이 없겠다'는 강력한 부러움과 소유욕을 난생처음 경험했습니다.

뒤늦은 소원을 이루다

최근 몇 년 사이 '레트로(복고)'는 대중문화에서 빼놓을 수 없는 키워드가 됐습니다. 가요, 예능, 패션, 식품 등 모든 영역에서 레트로 열풍을 이어가는 중입니다. 게임도 예외가 아닙니다. 제가 가입한 레트로 게임 카페의 주 활동층은 30~40대 남성입니다. 대부분 1990년대에 학창 시절을 보낸 세대죠.

4K 고화질, 체감형 VR 게임까지 도래한 시대에 굳이 구닥다리 게임을 찾는 심리는 뭘까요? 과거에 대한 추억과 향수 때문일 겁니다. 저는 소니의 플레이스테이션이 꿈에 나올 정도로 미

치도록 갖고 싶었습니다. 하지만 게임기 가격이 너무도 사악했죠. 당시 직장인 월급의 절반가량이었던 터라 개척교회를 하시는 부모님께 말조차 꺼내지 못했습니다.

그렇게 침만 흘리던 소년들은 세월이 흘러 직장인이 되었습니다. 참고로 레트로 게임들은 1980~90년대에 생산되어 수요에 비해 제품이 한정되어 있습니다. 그중에 희소성이 있는 게임기나 팩들은 몇백만 원을 호가하기도 하죠. 하지만 더 이상 가격은 문제가 되지 않습니다. 소년들은 충분히 구매력을 갖춘 30~40대가 되었기에 자신의 추억을 위해서라면 얼마든지 지갑을 열 수 있으니까요.

저도 레트로 게임 카페에서 플레이스테이션 1을 구입했습니다. 실제로 플레이할 용도는 아닙니다. 중학생 시절 게임 숍 진열대를 보며 흠모해야만 했던 그 한을 풀기 위해 소장용으로 구입한 것이죠. 택배 배송 문자를 받았을 때부터 쿵쾅쿵쾅 얼마나 심장이 뛰었는지 모릅니다. 게임기 박스를 열고 영롱한 플스의 자태를 대면하니 마치 중학생 시절의 감성이 소환된 기분이었습니다.

새로운 키덜트를 꿈꾸다

키덜트(kidult), 아이(kid)와 성인(adult)의 합성어로 어른이 되었음에도 여전히 어린 시절의 감성과 취향을 지닌 사람을 뜻하죠. 이들은 대표적으로 애니메이션, 게임, 레고, 피규어, 프라모델에 열광하거나 수집하는 모습을 보입니다. 키덜트 현상이 나타나던 초기에는 이 현상이 반짝 유행하고 사라질 것으로 예상했습니다. 그러나 현재 키덜트 시장은 약 1조 6,000억 원으로 추정되며 향후 11조 원까지 성장할 전망이라고 합니다.

왜 다 큰 성인들이 이토록 키덜트 상품에 집착하는 걸까요? 크게 두 가지로 볼 수 있습니다. 먼저는 보상심리죠. "어릴 때 장난감을 엄청 좋아했는데 엄마가 안 사줬어요." 방송인이자 스타 삽가인 허시웅 씨의 십에는 스타워즈 레고와 피규어 장난감이 한가득이며, 심지어 영화 속 제다이가 착용하는 망토와 광선검까지 갖추고 있습니다.

다음으로 노스탤지어, 곧 유년 시절의 향수 때문입니다. 직장에서 깨지고 관계에 시달린 어른들이 스트레스 해소를 위해 어린 시절 가장 편안했던 기억에 접속하는 것이죠. 아날로그 TV 앞에서 요술나무, 남극 탐험, 양배추 인형 등의 8비트 게임을 즐기고 건담을 조립하는 모습은 최고로 행복했던 그 시절로 회귀

하려는 심리입니다.

　어린 아이들이 나에게 오는 것을 막지 말아라. 하나님의 나라는
이런 어린 아이와 같은 사람들의 것이다. 마가복음 10:14, 현대인의성경

　복음서에서 예수님은 하나님 나라에 들어가는 자격 조건을
말씀하셨습니다. 여기서 어린이는 생물학적 나이보다 힘없고 연
약하지만 전적으로 하나님의 통치를 따르는 사람을 뜻합니다.
유년의 결핍과 향수조차 자본의 논리로 이용하는 시대 속에서
우리에게 진정 필요한 위로를 고민해 봅니다. 아무런 조건 없이
믿음으로 누리고 소유할 수 있는 하나님 나라! 저는 영원한 그
나라의 키덜트가 되고 싶습니다.

기도보다 아프게

2020년, 늦은 휴가를 전남 진도로 다녀왔습니다. 지중해의 감성이 느껴지는 한 리조트에서 3박 4일을 온전히 쉼에만 집중했습니다. 코로나19로 대부분을 숙소 안에서 보내야 했지만 통유리 너머로 보이는 하늘과 맞닿은 바다를 보니 노는 부족함이 사라졌습니다. 휴가 마지막 날 밤, 예정에 없던 일정을 아내에게 제안했습니다.

"여보, 진도까지 왔으니 내일 오전에 채린이 데리고 팽목항에 들렀다 가면 좋을 것 같아요."

"저는 좋아요. 근데 당신 광주까지 운전해야 하는데 컨디션 괜찮겠어요?"

"괜찮아요. 지금 아니면 언제 또 가족과 그곳에 가보겠어요."

다음날 아침 체크아웃하고 내비게이션에 팽목항 선착장을 찍었습니다. 약 40분을 달려 팽목항에 도착하니 진도 앞바다가 가장 먼저 눈에 들어오더군요. 그런데 조금 이상했습니다. 분명 리조트에서 봤던 바다는 운치와 낭만이 가득했는데 팽목항에서는 그런 기운을 느낄 수가 없었습니다. 빨간 등대가 있는 곳에 도착하니 적막이 감도는 방파제 위에는 그저 노란 리본만이 바다를 향해 손짓하고 있었습니다. 파도의 슬픈 소리를 들었는지 채린이가 묻습니다.

"아빠, 여기가 어디야?"

"응, 채린아. 몇 년 전에 여기서 큰 사고가 났는데 많은 언니, 오빠 들이 배에서 나오지 못하고 그만 하늘나라로 갔어."

"왜 하늘나라로 갔어?"

"응, 어른들이 잘못을 많이 해서 그렇게 됐어. 그래서 이 장소가 그 언니, 오빠 들을 기념하는 곳이야."

추모를 마치고 돌아오는 차 안에서 추모곡 '천 개의 바람이 되어'를 들었습니다.

나의 사진 앞에서 울지 마요. 나는 그곳에 없어요.

나는 잠들어 있지 않아요. 제발 날 위해 울지 말아요.

나는 천 개의 바람. 천 개의 바람이 되었죠.

저 넓은 하늘 위를 자유롭게 날고 있죠.

차량 스피커를 타고 나오는 노래가 마치 희생된 아이들의 목소리처럼 들리는 것 같아 한동안 눈물을 참기가 어려웠습니다.

무관심과 냉대를 경험한 날

광주로 돌아온 후 그동안 까맣게 잊고 있던 세월호 관련 기사를 찾아봤습니다. 때마침 세월호 7주기를 앞두고 '사회적 참사 특별법' 개정을 위한 진실 버스가 전국을 순회 중이었습니다. 자세히 보니 광주 일정은 우리 교회 인근 백화점 사거리에서 열리더군요. 미리 스케줄을 비워두었습니다.

며칠 후 행사 장소에 도착하니 오전부터 일정을 돕고 있는 지인이 안내해주셨습니다. 이어서 노란 조끼를 걸쳐 입고 두 손에는 1미터가량 되는 피켓을 들고 신호등 옆에 자리를 잡았습니다. 피켓에는 국회 국민 동의 청원을 소개하는 문구와 QR코드가 기록되어 있었습니다. 거리 선전이 열리는 백화점 사거리는 많은 사람과 차량이 지나는 곳이기에 홍보를 위한 최적의 장소였으나 안타깝게도 사람들의 반응은 냉담했습니다. 점심을 먹고 들어가던 직장인 몇 사람이 피켓을 보고 청원에 동참해주었지만 대부분 본체만체 그냥 지나쳤습니다.

더러는 노골적으로 불만을 표시하며 시비를 거는 사람도 있었습니다. 한 중년 남성은 가까이 다가와 피켓을 훑어보더니 갑자기 짜증 섞인 말투를 내뱉습니다. "지금 세상에 얼마나 힘든 사람이 많은데 아직도 이러고 있냐?" 그리고 한동안 저를 한심하다는 눈빛으로 쏘아보다가 자리를 떴습니다. 아마도 그 아저씨는 제가 세월호 유가족인 줄 알았나 봅니다.

'관심 없으면 그냥 지나가지 왜 저렇게 무례하게 행동하지?' 솔직히 적잖이 화가 치밀어 올랐지만 그럼에도 묵묵히 피켓을 들고 서 있는 유가족들을 보니 씩씩거리는 제 모습이 부끄러워졌습니다. '저분들은 7년 가까이 온갖 비방과 억측에도 버티고 있는데 나는 고작 두어 시간 있으며 불쾌하다고 해서는 안 되겠지.' 어느덧 거리 선전이 끝났고 유가족들은 잠깐의 인사도 나눌 새 없이 다음 일정을 위해 버스에 올라야 했습니다.

다시 기억의 등불을 밝히며

채린이가 세 살 무렵 크게 다칠 뻔한 적이 있습니다. 당시엔 등

229

원 때마다 놀이기구 다듯이 아이를 번쩍 들어 버스에 올려주면 까르르 하고 무척이나 좋아했습니다. 그런데 어느 날 너무 힘주어 올린 탓인지 아이가 그만 어깨 뒤로 넘어가버렸습니다. 다행히 순간 동물적인 감각이 발휘되어 채린이를 감싸 안았지만 몸은 중심을 잃고 그대로 콘크리트 바닥에 널브러졌습니다.

놀란 아이는 큰 울음을 터뜨렸지만 이내 곧 진정되어 버스를 타고 떠났습니다. 집에 도착해 옷을 갈아입으며 확인해보니 넘어질 때의 충격으로 어깨와 팔꿈치 그리고 무릎이 다 까질 정도로 찰과상이 생겼더군요. 만약 채린이가 그대로 떨어졌다면 분명 얼굴에 큰 상처를 입었을 겁니다. 어쨌든 그날의 사고는 제게 몇 달간 트라우마로 남았습니다. 실제로 잠자리에서 눈을 감으면 문득 그날의 아찔한 기억이 떠올라 한동안 잠에 들지 못했던 기억이 납니다.

세월호 참사는 우리 사회에 집단 트라우마를 남겼습니다. '아직 피지도 못한 꽃 같은 아이들을 지키지 못했다'는 자책감은 비단 유가족뿐 아니라 국민의 가슴에도 큰 상처로 남았습니다. 참 안타깝지만 여전히 일부 교회와 그리스도인에게서 세월호를 정쟁의 도구로 삼는 모습을 봅니다. 한 대형교회는 세월호 기념 배지를 달고 온 청년을 내쫓았으며, 구독자 10만이 넘는 어느 크리스천 유튜버는 노란 리본을 좌파의 상징이라고 매도했습니다.

세월호 참사는 단순한 사고가 아닙니다. 유착과 비리로 인한 정당한 절차의 결핍, 진실규명보다는 권력을 지키기 위한 양심의 결핍, 타인의 아픔에 무감각한 공공성의 결핍 등 대한민국의 부끄러운 민낯을 여과 없이 보여준 사건입니다.

그러나 아직 희망은 남아 있는 것 같습니다. 2021년 상반기를 뜨겁게 달궜던 〈싱어게인〉 기억하시나요? 장르가 30호라는 무명가수 이승윤 씨가 결국 최종 우승을 차지했습니다. 이후 그는 막강한 영향력을 가진 〈JTBC 뉴스룸〉에서 단 한 곡을 선보

일 기회를 얻게 됩니다. 이때 그가 선택한 노래는 모두의 예상과 달리 자신이 만든 세월호 추모곡 '기도보다 아프게'였습니다. 눈을 감고 절규하듯 가사를 내지르는 그의 모습을 보며 7년 전 약속이 다시 떠올랐습니다. '잊지 않겠습니다.' 광주 시청에 설치된 합동분향소에서 방명록에 적었던 글귀입니다. 지금 이 글도 그날 아이들과 했던 약속을 지키기 위한 일종의 흔적이라 할 수 있겠네요. 여전히 세월호가 남긴 과제는 산적해 있으며 갈 길이 멀어 보이는 것이 현실입니다. 하지만 '잊지 않겠다'는 기억의 등불을 우리가 꺼뜨리지 않고 이어갈 수만 있다면 언젠가는 그 끝에 기필코 닿으리라 확신합니다.